Sugardating

Micha Ebner

Sugardating

Das Handbuch für das Sugarbabe und den Sugardaddy

**Bibliographische   Information
der   Deutschen   Nationalbibliothek**

Die Deutsche Nationalbibliothek verzeichnet diese
Publikation in der Deutschen Nationalbibliographie;
detaillierte bibliographische Daten sind im Internet
über http://dnb.d-nb.de abrufbar.

ISBN 9783749481217

Copyright 2019 Micha Ebner

Foto Cover: Joshua Anderson / pexels.com

Alle Rechte vorbehalten

Herstellung und Verlag: BoD- Books on Demand, Norderstedt

Inhaltsverzeichnis

Hinweise für Sugarbabes 107

Vorwort

Zum Thema *Sugardating* gibt es bislang Erfahrungsberichte. Was fehlte, war ein Ratgeber, der sachlich die unterschiedlichen Aspekte dieses Themas beleuchtet. Einen solchen habe ich hiermit vorgelegt.

Ein besonderer Dank geht an die diversen Sugarbabes und Sugardaddys, die auf meine Interview-Anfragen reagiert und damit zum Entstehen dieses Buches beigetragen haben.

Noch ein Hinweis zur Benennung: Die Begriffe *Prostituierte* (als der im Gesetzeswerk verwendete Terminus) und *Sexarbeiterin* (als inzwischen überwiegende Selbstbezeichnung) werden synonym verwendet.

Ich wünsche allen Leserinnen und Lesern viel Spaß mit dem Buch und bei der praktischen Umsetzung.

Frankfurt im September 2019

Micha Ebner

kontaktierbar über den Benutzer *admin* in sugar-forum.de

Sugardating – Eine Einführung

1

Sugardating ist ein noch wenig etablierter Begriff, der die Beziehung zwischen einem Sugardaddy und einem Sugarbabe kürzer fasst als mit dem Begriff Sugarbabe-Sugardaddy-Beziehung oder der Abkürzung SB/SD-Beziehung.

Beschrieben wird damit eine private Beziehung zwischen (fast immer) zwei Menschen, die sowohl auf gegenseitiger Zuneigung als auch auf einer finanziellen (oder anderweitig materiellen) Vereinbarung beruht. Der überwiegende Teil solcher Beziehungen besteht zwischen einem älteren, materiell gut gestelltem Mann und einer jungen Frau. Weniger verbreitet sind Beziehungen ohne einen solchen Altersunterschied, homosexuelle Beziehungen oder Beziehungen, in denen eine Frau die gebende Rolle einnimmt. Teilweise kommen auch Beziehungen vor, die keine sexuelle Komponente beinhalten.

Solche Beziehungen füllen die Lücke zwischen privaten Beziehungen ohne einer solchen materiellen Vereinbarung einerseits und klassischer Prostitution andererseits. In beide Richtungen sind die Übergänge fließend.

Auch bei klassischen privaten Beziehungen überlagern materielle Aspekte die gegenseitige Zuneigung. Nicht nur beobachten Sozialforscher seit Generationen, dass Frauen "noch oben heiraten", auch der Gesetzgeber und die Justiz regeln in teilweise großer Detailverliebtheit Ansprüche auf Taschengeld und Unterhalt, gerade im Falle der Ehe auch noch über das Ende einer solchen Beziehung hinaus.

Im Bereich der klassischen Prostitution sind die Grenzen schärfer, hier wird eine sexuelle Dienstleistung gegen ein vorher vereinbarten Entgelt erbracht. Aber auch hier verschwimmen in Einzelfällen die Grenzen, entwickeln sich Geschäftsbeziehungen in die Richtung privater Beziehungen.

Die Abgrenzung vor allem ist dort relevant, wo rechtliche Aspekte berührt sind. Dies wird Thema in Kapitel 2 sein. Sind keine rechtlichen Aspekte relevant, sind wir also im Bereich der Meinungsfreiheit, ist ohnehin jedem Menschen individuell überlassen, wie er dazu steht.

Sugardating als Euphemismus für Sexarbeit

Obwohl Sexarbeit eine wichtige gesellschaftliche Funktion wahrnimmt, ist ihr Ansehen in der Gesellschaft massiv unterentwikkelt. Dies führt dazu, dass die Handelnden versuchen, freundlichere Begriffe zu wählen als *Prostituierte* und *Freier*. Hinzu kommt, dass mit Einführung des sogenannten Prostituiertenschutzgesetzes viele in der Sexarbeit tätigen Frauen die Anmeldepflicht dadurch umgehen, dass sie sich als Sugarbabe bezeichnen. Steuerliche Aspekte treten hinzu.

Der langen Rede kurzer Sinn: Es gibt echte Sugarbabes, und es gibt Sexarbeiterinnen, die sich aus verschiedenen (durchaus nachvollziehbaren) Gründen Sugarbabe nennen. Für die rechtliche und steuerrechtliche Einordnung ist eine selbstgewählte Bezeichnung der eigenen Tätigkeit jedoch irrelevant.

Eine Nebenfolge dieses Euphemismus ist, dass ein erheblicher Teil der auf einschlägigen Portalen suchenden Personen Sexarbeiterinnen und deren Kunden sind. Viele sind auf Anhieb als solche zu erkennen (an entsprechend körperbetonten Bildern und dienstleistungsorientierten Profiltexten), die sichere Unterscheidung ist dennoch bisweilen schwierig (auch weil Überschneidungen zwischen Sexarbeit und Sugardating gibt).

Exkurs sexuelle Selbstbestimmung

Die Idee der sexuellen Selbstbestimmung ist eine – nach historischen Maßstäben betrachtet – eher neuere Entwicklung. Selbst im mitteleuropäischen Kulturkreis war es bis weit in das 20. Jahrhundert hinein nicht unüblich, dass Eltern ihre Kinder, insbesondere ihre Töchter, verheiratet haben. Sex vor oder außerhalb der Ehe war ohnehin nicht vorgesehen, und von den Frauen wurde wie selbstverständlich erwartet, dass sie ihren "ehelichen Pflichten" nachkamen, also ihren Gatten sexuell zur Verfügung standen.

Männern wurde da traditionell eine größere Freiheit zugestanden, auch wenn es – zumindest in bürgerlichen Kreisen – als "unanständig" galt, eine Geliebte zu haben oder die Dienste einer Prostituierten in Anspruch zu nehmen. Der Adel nahm sich – wie anderswo auch – da größere Freiheiten heraus.

Mit dem Aufkommen verlässlicherer Verhütungsmittel und der zunehmenden politisch-sozialen Emanzipation der Frauen kam dann die Idee der sexuellen Selbstbestimmung auf. Diese umfasst nicht nur das Recht, vor ungewollten sexuellen Handlungen anderer geschützt zu werden, sondern auch das Recht, im Rahmen von Einvernehmlichkeit, Jugenschutz und Schutz der Öffentlichkeit vor Belästigungen seine sexuellen Bedürfnisse frei ausleben zu dürfen. Einschränkungen gibt es dann noch in Randbereichen (wie sexuelle Handlungen mit Tieren oder mit direkten Verwandten), aber ansonsten sind sowohl heterosexuelle wie homosexuelle Handlungen zulässig und zunehmend auch gesellschaftlich akzeptiert.

Die Idee der sexuelle Selbstbestimmung erstreckt sich dabei nicht nur auf die Fragen *wie*, *mit wem*, *wann*, *wo* und *wie*, sondern auch auf *warum*.

Gesellschaftliche Moralvorstellungen wandeln sich jedoch nur träge. Während eher progressive und liberale Menschen neue Freiheiten begrüßen und nutzen, gibt es auch konservative und reaktonäre Einstellungen. Diese hängen veralteten Moralvorstellungen an und verdammen alles, was nicht in ihr Weltbild passt, insbesondere auch Frauen, die sich nicht nach diesen veralteten Moralvorstellungen verhalten. Das Skandalisierungsbedürfnis der Medien befördert diese Einstellungen.

Es kann nur jedem Menschen geraten werden, für sich selbst zu entscheiden, ob er oder sie lieber selbst- oder lieber fremdbestimmt leben möchte, und dann daraus die entsprechenden Konsequenzen zu ziehen.

Von den oben aufgezählten Aspekten der sexuellen Selbstbestimmung dürfte gerade der kausale Aspekt selbst noch in feministisch-emanzipatorischen Kreisen auf eine gewisse Zurückkaltung stoßen. Während der eigene Lustgewinn dort selbstverständlich als "zulässiger" Grund akzeptiert wird, Liebe oder Rücksichtnahme auf einen Partner eher stirnrunzelnd akzeptiert werden, stoßen materielle Gründe immer noch auf Ablehnung. Häufig spielt dabei auch Neid und Konkurrenzdenken eine größere Rolle.

Die Idee der sexuellen Selbstbestimmung wäre jedoch unvollständig gedacht, wenn sie sich nicht auf alle Aspekte erstrecken würde. Dementsprechend sind solche Beziehungen auch ethisch nicht anders zu bewerten als Ehen oder partnerschaftliche Beziehungen.

Der Altersunterschied

Wie der Begriff "Sugardaddy" bereits nahelegt, besteht häufig ein Altersunterschied von etwa einer Generation. Da das Sugarbabe aus rechtlichen Gründen mindestens 18 Jahre alt ist (Details siehe Kapitel 2), ist der Sugardaddy mindestens Mitte Dreißig, häufiger zwischen 40 und 60 Jahre alt. Dies ergibt sich auch schon daraus, dass Männer meist auch erst in fortgeschrittenem Alter wirtschaftlich arriviert sind und sich die mit der

Beziehung verbundenen wirtschaftlichen Zuwendungen leisten können.

Sugardating ist also etwas für Frauen, die mit älteren Männern zumindest zurecht kommen, teilweise diese auch präferieren. Damit ist nicht gemeint, dass diese Frauen alle älteren Männer präferieren. Wie bei einer partnerschaftlichen Beziehung üblich, wählt man den Partner nach eigenen, teilweise auch durchaus strengen Kriterien. Die Einstellung "Hauptsache, die Kohle stimmt" ist die Einstellung einer Prostituierten, nicht eines Sugarbabes.

Sugarbabes schätzen üblicherweise die Umgangsformen, die Kultiviertheit und den Erfahrungsvorsprung ihrer Sugardaddys, Eigenschaften, die mit dem Alter üblicherweise zunehmen. Damit ist Sugardating auch eher etwas für gebildete und intelligente Frauen: Auch diese orientieren sich, wie generell üblich, bei der Partnerwahl "nach oben", finden aber bei Gleichaltrigen jedoch kaum geeignete Partner. Wer geistige Aspekte über rein körperliche Attraktivität stellt, den wird ein Altersunterschied zumindest nicht stören.

Dass Frauen sich gerade auch bei materiellen Aspekten "nach oben" orientieren, ist Ergebnis evolutionärer Prägung. Partner mit hohem Status oder hohem Wohlstand sind eher in der Lage, für den gemeinsamen Nachwuchs zu sorgen. Diese evolutionäre Prägung beeinflusst die Entscheidungen selbst dort, wo überhaupt keine gemeinsamen Kinder vorgesehen sind.

Für Männer dagegen sind Status und materieller Wohlstand der Partnerin weit weniger entscheidend, gerade dann, wenn sie selbst wohlhabend sind. Sie präferieren – ebenfalls aufgrund evolutionärer Prägung – junge und gut aussehende Frauen, weil diese eher gesunden Nachwuchs versprechen.

Diese evolutionären Prägungen liegen selbstverständlich nicht bei allen Menschen in gleichem Maße vor, man wird immer das Beispiel eines hochgestellten Manns mit einer älteren Gattin oder Partnerin finden. Im statistischen Mittel sind jedoch solche Prägungen klar nachweisbar.

Die Zuwendung

Eine finanzielle oder materielle Zuwendung ist schon per Definition das Wesen einer SB/SD-Beziehung und wird zu Beginn der Beziehung besprochen und vereinbart. Der Zeitpunkt der Vereinbarung ist das sauberste und letztlich einzige Abgrenzungskriterium zwischen einer herkömmlichen und einer SD/SB-Beziehung.

Auch bei herkömmlichen Beziehungen kann es vorkommen, dass der Mann Geld verdient und die Frau studiert, sofern sie das in einer anderen Stadt tut, dann bezahlt ihr der Mann die Miete und den Unterhalt. Sofern die beiden verheiratet sind, besteht da sogar ein rechtlicher Anspruch darauf. Ähnlich dazu kann ein Sugardaddy seinem Sugarbabe die Miete und Unterhalt bezahlen, so dass ihr ein Studium materiell ermöglicht wird. Das einzige Abgrenzungskriterium ist hier, dass beim Sugardating das zu Beginn der Beziehung besprochen wird, und bei einer konventionellen Beziehung, sobald sich das Problem stellt.

Da zu Beginn einer solchen Beziehung unklar ist, wie lange diese Beziehung hält, hat es sich etabliert, anfangs über einzelne Dates zu reden. Das ist auch dem Umstand geschuldet, dass sich auch erst auf beiden Seiten das Vertrauen in die verlässliche Einhaltung getroffener Vereinbarungen entwickeln muss. Dass hier nicht gleich Vereinbarungen für lange Zeitdauern getroffen werden, ist gelebter Pragmatismus und macht aus Sugardating keine Prostitution (wobei – wie vorhin bereits dargelegt – auch Prostitution ethisch nicht zu beanstanden wäre).

Die Zuwendung an ein Sugarbabe ist so wenig das Entgelt für eine sexuelle Dienstleistung, wie es sich bei Sugardating um Sexarbeit handelt. Die Zuwendung ist zunächst mal Einkommensausgleich in einer Partnerschaft. Wären die beiden Beteiligten verheiratet, würde bei größeren Einkommensunterschieden auch ein gesetzlicher Anspruch darauf bestehen, und als vernünftige Menschen bekommen sie es hin, das auch selbst untereinander zu regeln, ohne dass Gesetzgeber und Justiz tätig werden müssen. Darüber hinaus kann die Zuwendung auch Attraktivitätsausgleich sein, oder eine Investition in die Zukunft des Sugarbabes, wenn diesem zum Beispiel ein Studium oder eine Ausbildung ermöglicht wird.

Wegen dieser Multifunktionalität werden Form und Höhe der Zuwendung eher besprochen als ausgehandelt. Ein Prostituierte mag einem Preis haben und diesen nennen können, ein Sugarbabe nicht. Es geht auch weniger darum, den für sich selbst vorteilhaftesten "Deal" abschließen zu können, sondern einvernehmlich eine für beide Seiten faire Vereinbarung zu finden. Dies geht selbstverständlich erst dann, wenn man sich ein wenig kennengelernt hat und ein gewisses Maß an Vertrauen und Sympathie entstanden ist.

Frauen, bei denen der materielle Aspekt klar im Mittelpunkt steht, und die Vertrauen und Sympathie allenfalls als wünschenswert, nicht jedoch als unabdingbar betrachten, sollten sich konsequenterweise als Prostituierte registrieren. Wie vorhin dargelegt ist auch das nicht unethisch, und es ist in einem solchen Fall dann sich selbst und anderen gegenüber ehrlicher.

Die Höhe der Zuwendung

Da die Zuwendung kein Entgelt für eine sexuelle Dienstleistung, sondern vor allem Einkommensausgleich in einer wirtschaftlich ungleichen Beziehung ist, schwankt sie deutlich mehr als die Honorare von Sexarbeiterinnen.

Um für Letztere kurz Anhaltswerte zu nennen (die meisten Leserinnen und auch viele Leser dürften da nicht so orientiert sein): Der Preis für die "schnelle Nummer" im Laufhaus liegt so zwischen 20,- und 40,- Euro, die halbe Stunde in FKK-Clubs kostet zwischen 30,- und 60,- Euro, die Stunde in einer Terminwohnung oder einem Luxus-Bordell zwischen 100,- und 200,- Euro, bei den Escort-Agenturen liegen 2 Stunden (was üblicherweise die

Mindestdauer ist) zwischen 400,- und 800,- Euro. (Diese Preise sind Verbraucherpreise in Deutschland, für die Sexarbeiterinnen gehen da erst die Kosten für die Miete oder die Agentur runter, das Verbleibende ist zu versteuern.) Die Preise variieren also in einem Bereich von 1:2 (wobei es in Einzelfällen auch Abweichungen nach oben und nach unten gibt, aber etwa 95% des Marktes ist damit zutreffend beschrieben).

Die Zuwendungen für Sugarbabes liegen meist so zwischen 500,- und 5000,- Euro pro Monat und variieren damit im Bereich 1:10. Auch hier gibt es Abweichungen nach unten und nach oben, aber 90% der Fälle dürften in diesem Bereich liegen.

Der größere Bereich der Schwankung ist ganz einfach dadurch zu erklären, dass die Zuwendung – wie bereits oben erklärt – kein Entgelt für eine sexuelle Dienstleistung ist, sondern primär ein Einkommensausgleich. Während das Einkommen des Sugarbabes oft vernachlässigbar ist, schwankt das Einkommen der meisten Sugardaddys in einem Bereich zwischen etwa 4000,- und 40.000,- brutto im Monat (grob gerundet sind das Jahreseinkommen zwischen 50.000,- und 500.000,- Euro im Jahr) und somit auch im Bereich 1:10.

Aus diesen Zahlen lässt sich als grobe Daumenregel ableiten, dass eine für beide Seiten faire monatliche Zuwendung bei etwa einem hundertstel des Brutto-Jahres-Einkommens des Sugardaddys liegt. Angenommen, dessen Jahreseinkommen liegt bei 100.000 Euro, dann wäre eine Zuwendung von etwa 1000,- Euro im Monat fair.

Eine höhere Zuwendung könnte in der besonderen Wertschätzung des Sugardaddys für sein Sugarbabe begründet liegen. Bisweilen sind auch höhere Summen üblich, damit die Kosten für ein Studium abgedeckt sind und das Sugarbabe nicht noch einen Nebenjob braucht. Da die Zuwendung auch einen Attraktivitätsausgleich darstellt, kann sie je nach Attraktivität des Sugarbabes und des Sugardaddys nach oben oder nach unten korrigiert werden.

Einschlägige Internetseiten gaukeln interessierten Frauen regelmäßig vor, dass sie hier gutaussehende Millionäre finden, die ihnen ein Leben im Luxus ermöglichen. Selbstverständlich gibt es solche Fälle, aber sie sind nicht die Mehrheit, geschweige denn der Regelfall. Es kann nur empfohlen werden, hier keine unrealistischen Erwarungen aufzubauen: Die deutliche Mehrheit der Sugarbabes liegt bei den Zuwendungen unter 1.500,- Euro im Monat.

Für ansonsten einkommenslose oder einkommensschwache Personen sind jedoch Zuwendungen zwischen 500,- und 1.500,- Euro nicht wenig, zumal es ja im Regelfall "on top" kommt. Das ist schnell mal eine Verzehnfachung des frei verfügbaren Einkommens, also des Einkommens nach Abzügen, Miete und Lebensunterhalt.

Frauen, die eine deutlich höhere Zuwendung anstreben, brauchen entweder viel Glück beim Finden eines entsprechend einkommensstarken Sugardaddys (was üblicherweise auch ein entsprechend vorteilhaftes Äußeres voraussetzt), oder sie sollten sich überlegen, ob sie im Escort-Bereich nicht besser aufgehoben sind.

Form der Zuwendung

In den meisten Fällen gibt es die Zuwendung in cash, manchmal aber auch in Sachleistungen. Das können gemeinsame Shopping-Touren sein, bei denen der Sugardaddy das Bezahlen übernimmt.

Die zunehmenden Schwierigkeiten auf dem Wohnungsmarkt in den Ballungsgebieten führt auch zu entsprechenden Arrangements: So mietet mancher Sugardaddy eine Wohnung für sein Sugarbabe an – mit der Vorlage eines Einkommensnachweises, der beim Vermieter auf Wohlgefallen stößt, tut er sich üblicherweise leichter.

Mit einem solchen Arrangement gehen beide Seiten eine entsprechende Bindung ein, sie setzt ein entsprechendes Vertrau-
ensverhältnis voraus. In dem Fall, dass die Beziehung früher als
der Bedarf an der Wohnung endet, besteht dann auch die Möglichkeit, dass der Mietvertrag bestehen bleibt, das Sugarbabe
jedoch die Miete dann an den Sugardaddy zahlt.

In Einzelfällen zieht das Sugarbabe gleich beim Sugardaddy ein,
und dieser übernimmt dann die kompletten Lebenshaltungskosten.
Hier ist eine Abgrenzung zu einer konventionellen Beziehung
dann quasi nicht mehr möglich.

Die Abgrenzung ist auch schwer bei Sugardaddy-Sugarbabe-
Beziehungen, bei denen es für das Sugarbabe überhaupt keine
oder seltene Geld- oder Sachleistungen gibt (vielleicht zum
Geburtstag und zu Weihnachten), der Sugardaddy jedoch für
Kosten gemeinsamer Unternehmungen aufkommt, seien das
Restaurant- oder Opernbesuche, seien das Reisen.

Steuern

Da eine richtige Sugardaddy-Sugarbabe-Beziehung keine Prostitution ist, fällt auch keine Einkommensteuer an. Zu beachten
ist jedoch, dass ab einer Zuwendung von 20.000,- Euro pro 10
Jahre im Regelfall Schenkungssteuer anfällt. 20.000,- Euro sind
bei einer Beziehungsdauer von einem Jahr 1.666,- Euro pro
Monat, bei einer Beziehungsdauer von 2 Jahren 833,- Euro im
Monat. Die Mehrheit der Sugarbabes dürfte unter dieser Grenze bleiben.

Zu beachten ist dabei, dass hier nicht nur Geldzuwendungen zu
berücksichtigen, sondern alle Art von Geschenken (wie der
Begriff "Schenkungssteuer" ja bereits impliziert). Schwierig in
der Zuordnung sind da allenfalls Urlaubsreisen, die primär auf
Veranlassung des Sugardaddys durchgeführt werden.

Wie sich die Sache verhält, wenn das Sugarbabe daneben noch Einkünfte wie Bafög, Kindesunterhalt oder Waisenrente bezieht, ist im Einzelfall zu klären. Auch in solchen Fällen kann die Frage interessant werden, ob es sich um eine richtige Sugardaddy-Sugarbabe-Beziehung handelt, oder ob hier eher verdeckte Prostitution vorliegt.

Klar ist, dass Bezieher von ALG2 alle Arten von Zunwendungen angeben müssen und das ihnen entsprechend abgezogen wird, sofern das Jobcenter da nicht gleich eine Bedarfsgemeinschaft mit dem Sugardaddy aufmacht und die Zahlungen einstellt. Vor diesem Hintergrund ist es dann auch wenig verwunderlich, dass arbeitssuchende Sugarbabes auf den einschlägigen Portalen selten zu finden sind.

Die Beziehung

Eine Sugardaddy-Sugarbabe-Beziehung gleicht in vielem einer konventionellen Beziehung. Es gibt aber auch Unterschiede, die hier beleuchtet werden sollen.

Die Dauer der Beziehung

Eine Sugardaddy-Sugarbabe-Beziehung hält üblicherweise einige Monate bis einige Jahre. Dem steht nicht entgegen, dass man sich manchmal nach nur einem oder nur wenigen Dates wieder trennt: Eine Sugardaddy-Sugarbabe-Beziehung existiert nicht bereits mit der Einigung über die Zuwendung, sondern im Laufe einiger Dates entwickelt sich das dazugehörende gegenseitige Vertrauen und die Zuneigung zum Partner. Das ist beim Sugardating nicht anders als bei den konventionellen Beziehungen.

Als Gründe für eine Trennung gibt es zunächst einmal dieselben wie in einer konventionellen Beziehung: Die Zuneigung hat nachgelassen, man hat Lust auf Neues, hat sich in unterschiedliche Richtungen entwickelt, und so weiter.

Oft enden solche Beziehungen auch dann, wenn der materielle Grund entfällt: Das Sugarbabe beendet das Studium oder die Ausbildung und steht wirtschaftlich dann auf eigenen Beinen. So, wie die leiblichen Väter ihre Töchter eines Tages mit einer Mischung aus Stolz und Wehmut in die "Freiheit entlassen" müssen, so verhält es sich auch bei Sugardaddy-Sugarbabe-Beziehungen. Sugardaddys haben dabei den Vorteil, dass auch andere Mütter hübsche, aber einkommensschwache Töchter haben.

Das Ende einer solchen Beziehung muss nicht bedeuten, dass man dann jeden Kontakt abbricht. So, wie man eine konventionelle Beziehung beenden, aber trotzdem Freunde bleiben kann, so verhält es sich auch beim Sugardating.

Treue

So wie es in konventionellen Beziehungen die unterschiedlichsten Konstellationen gibt (Menage o trois, Polyamory), so verhält es sich auch beim Sugar-Dating: Die Frage wird einfach offen besprochen und dann eine Einigung erzielt. Ohnehin scheint man sich im Bereich des Sugar-Datings offener über solche Fragen unterhalten zu können, vielleicht deswegen, weil beiden Beteiligten von Anfang an klar ist, dass traditionelle sexuelle Moralvorstellungen ohnehin nicht der Maßstab sind.

Manche Sugardaddys haben eine solche Sugardaddy-Sugarbabe-Beziehung parallel zu ihrer Ehe, mit oder ohne Wissen beziehungsweise Billigung der Gattin. Die Gründe dafür sind vielfältig. Auf der anderen Seite wollen sich manche Sugarbabes die Option offen halten, auch mal mit Männern zu verkehren, bei denen die körperliche Attraktivität die gesitige übersteigt.

Manchmal ergeben sich schon von den äußeren Umständen her Konstellationen, bei denen die entsprechenden Sphären klar getrennt sind. So könnte zum Beispiel der Sugardaddy Wochenendpendler sein, der am Wochenende bei der Familie ist, unter der Woche bei seinem Sugarbabe, das dann wiederum am Wochenende eigenen Interessen nachgehen kann.

Die Frage der Treue stellt sich dann nicht, wenn die Beziehung keine erotische Komponente hat. Dies trifft aber nur auf eine kleine Minderheit solcher Beziehungen zu.

Häufigkeit und Dauer der Treffen

Die Häufigkeit und auch die Länge der gemeinsamen Treffen schwanken jeweils erheblich. Es ist jedoch zu beobachten, dass bei eher geringer Häufigkeit dafür die Dauer steigt, also zum Beispiel ein ganzes Wochenende oder ein Urlaub gemeinsam verbracht wird.

Ein etwas häufiger zu findendes Muster ist ein Treffen pro Woche zu einem Overnight-Date. Solche Treffen beinhalten neben einem erotischen oft auch noch einen kulturellen oder einen kulinarischen Teil. Paare, die Wochenend-Treffs bevorzugen, nutzen diese häufiger zu Städtereisen.

Die rechtliche Situation

2

Im Gegensatz zu Ehe und eingetragener Partnerschaft einerseits und Prostitution andererseits hat der Gesetzgeber Sugardaddy-Sugarbabe-Beziehungen nicht eigens geregelt. (Wahrscheinlich sollten wir dafür dankbar sein.)

Das hat zur Folge, dass für Sugarbabe-Sugardaddy-Beziehungen bisweilen Regeln gelten, die dafür nicht so recht gemacht sind. Diese Regeln sollte man kennen und diese entweder berücksichtigen, oder sich so verhalten, dass diese Regeln nicht gelten.

Ehe und eingetragene Partnerschaft kennen strenge Formvorschriften, man landet nicht versehentlich in einer Ehe. Ganz anders im Bereich der Prostitution: Der Gesetzgeber hat den Anwendungsbereich der einschlägigen Vorschriften weit gefasst, so manche Prostituierte weiß nicht, dass sie eine solche ist (und wäre auch ehrlich empört darüber, dass sie der Gesetzgeber als eine solche sieht).

Von daher lässt es sich jetzt nicht vermeiden, dass wir uns einige Paragraphen ansehen.

Finger weg von Minderjährigen

Den Inhalt dieses Paragraphen kann man kurz fassen in den Worten "Finger weg von Minderjährigen". Wer es etwas ausführlicher wissen möchte, schaut sich die folgenden Abschnitte an.

StGB § 182 Sexueller Missbrauch von Jugendlichen

(1) Wer eine Person unter achtzehn Jahren dadurch missbraucht, dass er unter Ausnutzung einer Zwangslage

1. sexuelle Handlungen an ihr vornimmt oder an sich von ihr vornehmen lässt oder

2. diese dazu bestimmt, sexuelle Handlungen an einem Dritten vorzunehmen oder von einem Dritten an sich vornehmen zu lassen,

wird mit Freiheitsstrafe bis zu fünf Jahren oder mit Geldstrafe bestraft.

(2) Ebenso wird eine Person über achtzehn Jahren bestraft, die eine Person unter achtzehn Jahren dadurch missbraucht, dass sie gegen Entgelt sexuelle Handlungen an ihr vornimmt oder an sich von ihr vornehmen lässt.

(3) ...

(4) Der Versuch ist strafbar.

(5) ...

(6) In den Fällen der Absätze 1 bis 3 kann das Gericht von Strafe nach diesen Vorschriften absehen, wenn bei Berücksichtigung des Verhaltens der Person, gegen die sich die Tat richtet, das Unrecht der Tat gering ist.

Absatz (1) ist deshalb von Belang, da er nach herrschender Meinung dem Absatz (2) vorgeht, und weil in ihm auch der Strafrahmen zu finden ist. Die ausgenutzte Zwangslage könnte zum Beispiel Obdachlosigkeit sein. Um die Zwangslage ausnutzen zu können, muss sie bekannt sein, ebenso muss bekannt sein, dass die betreffende Person ein Alter unter 18 Jahre hat.

Exkurs Tatbestandsirrtum und Verbotsirrtum

Dem Leser mag vielleicht noch der Grundsatz *Irrtum schützt vor Strafe nicht* im Gedächtnis sein. Das stimmt so nur teilweise. Die Juristen unterscheiden hier den *Tatbestandsirrtum* und den *Verbotsirrtum*.

StGB § 16 Irrtum über Tatumstände

(1) Wer bei Begehung der Tat einen Umstand nicht kennt, der zum gesetzlichen Tatbestand gehört, handelt nicht vorsätzlich. Die Strafbarkeit wegen fahrlässiger Begehung bleibt unberührt.

(2) Wer bei Begehung der Tat irrig Umstände annimmt, welche den Tatbestand eines milderen Gesetzes verwirklichen würden, kann wegen vorsätzlicher Begehung nur nach dem milderen Gesetz bestraft werden.

Umstände der Tat sind die "Merkmal", mit denen der Gesetzgeber eine Tat beschreibt. Im Falle des § 182 (1) wären das

- Person unter 18 Jahre

- Ausnutzung einer Zwangslage

- Vornahme sexueller Handlung (an sich, an der Person, an einem Dritten)

Dabei müssen alle (!) diese Voraussetzungen vorliegen. Wenn zum Beispiel eine Zwangslage zur Vornahme sexueller Handlungen ausgenutzt wird, die Person aber älter als 18 Jahre ist, dann liegt kein *Sexueller Missbrauch von Jugendlichen* vor. Irgendwo logisch – die Person ist ja dann keine Jugendliche mehr.

Wenn jetzt der Täter annimmt, dass die Person schon über 18 Jahre alt ist, sie das jedoch noch nicht ist, dann liegt zwar objektiv ein *Sexueller Missbrauch von Jugendlichen* vor, der Täter wird aber dennoch nicht bestraft, weil ein Irrtum über Tatumstände vorliegt, auch Tatbestandsirrtum genannt.

Der aufmerksame Leser mag jetzt einwenden, dass da nicht steht *wird nicht bestraft*, sondern *handelt nicht vorsätzlich*. Gut aufgepasst.

Der Gesetzgeber unterscheidet *mit Absicht* und *aus Versehen*, nennt das aber *vorsätzliches* und *fahrlässiges* Handeln.

> **§ 15 Vorsätzliches und fahrlässiges Handeln**
>
> Strafbar ist nur vorsätzliches Handeln, wenn nicht das Gesetz fahrlässiges Handeln ausdrücklich mit Strafe bedroht.

Da in § 182 nichts von Fahrlässigkeit steht, ist es ein so genanntes Vorsatzdelikt, und somit ist der Tatbestandsirrtum hier strafbefreiend.

Der Vollständigkeit noch zum Absatz (2). Nehmen wir an, wir haben hier die sexuelle Ausnutzung einer Notlage bei einer 13-Jährigen (das wäre – auch ohne Ausnutzung einer Notlage – sexueller Missbrauch von Kindern, § 176 StGB, Strafe bis 10 Jahre Freiheitsentzug), bei welcher der Täter annimmt, sie sei 17 Jahre. Dann würde er nicht nach § 176, sondern nach § 182 verurteilt, was gegenüber § 176 das mildere Gesetz ist.

So weit zum Tatbestandsirrtum, schauen wir uns den Verbotsirrtum an:

> **§ 17 Verbotsirrtum**
>
> Fehlt dem Täter bei Begehung der Tat die Einsicht, Unrecht zu tun, so handelt er ohne Schuld, wenn er diesen Irrtum nicht vermeiden konnte. Konnte der Täter den Irrtum vermeiden, so kann die Strafe nach § 49 Abs. 1 gemildert werden.

Der Verbotsirrtum ist somit nur strafbefreiend, wenn er unvermeidbar ist. Die Anforderungen dafür liegen hoch, da die Gesetze ja veröffentlicht sind, es dazu Literatur gibt, man sich von einem Rechtsanwalt beraten lassen kann. Wenn allerdings der Rechtsanwalt falsch berät, dann wäre der Verbotsirrtum unvermeidbar.

Beim Verbotsirrtum ist der Grundsatz *Unkenntnis schützt vor Strafe nicht* zutreffend, zumindest meistens.

Exkurs   Strafprozess

So mancher Leser wird sich möglicherweise denken, dass er mit einem Tatbestandsirrtum "schnell aus der Sache herauskäme". Weil wer wollte ihm schon nachweisen, dass er Notlagen oder Minderjährigkeit kannte. Ganz so einfach ist es dann doch nicht.

Über den Strafprozess kann man dicke Bücher schreiben. Wenn das hier in einem kurzen Exkurs abgehandelt wird, dann notwendigerweise verkürzt, unter Weglassung von Details.

Zunächst einmal gibt es Antragsdelikte und Offizialdelikte. Antragsdelikte werden nur auf Antrag des Betroffenen verfolgt, das steht dann auch so im Gesetz. Bei § 182 haben wir ein Offizialdelikt, der zuständige Staatsanwalt muss es also verfolgen, wenn er davon erfährt. Erfahren kann er zunächst davon, dass die betreffende Person (oder deren Erziehungsberechtigte) die Tat anzeigen. Es kann sich aber auch um einen Zufallsfund handeln.

Nehmen wir einmal an, bei einem der beiden Beteiligten wird eine Hausdurchsuchung gemacht, das Handy sichergestellt und ausgwertet, entsprechende Hinweise gefunden. "Gefährlich" ist es immer dann, wenn sonst nichts gefunden wird, da steht die Staatsanwaltschaft immer ein wenig blöd da, also schaut man sich vielleicht auch noch mal die Chatverläufe genauer an, ob man da etwas Interessantes findet. Und wenn der ermittelnde Staatsanwalt meint, "die sieht aber jung aus", dann ermittelt er vielleicht auch noch, wie alt sie wirklich ist, und ob man daraus nicht vielleicht etwas machen kann.

Dann hat man als Beschuldigter die Möglichkeit, dazu Stellung zu nehmen oder zu schweigen (erfahrene Strafverteidiger raten stets zu Letzterem – selbst wenn man gestehen möchte, spätes Geständnis gebe mehr Strafrabatt als frühes Geständnis). Und wenn sich der Anfangsverdacht erhärtet, wird das angeklagt (oder auch vielleicht mit einem Strafbefehl verfolgt, Details würden hier wirklich zu weit führen).

Kurz: Möglicherweise steht man dann vor einem Richter. Schon dieser Umstand alleine kann einem ziemlich den Ruf versauen. Der Vorwurf lautet dann ja nicht *hatte eine etwas zu junge Freundin*, sondern *Sexueller Missbrauch von Jugendlichen*, und selbst wenn das mit einem Freispruch endet, bleibt doch immer etwas hängen.

In einem Strafverfahren ist die Staatsanwaltschaft beweispflichtig, der Angeklagte kann schweigen. Wenn man jedoch über einen Tatbestandsirrtum aus der Sache herauskommen möchte, dann wird man kaum drum herum kommen, sich zur Sache zu äußern.

Nun tendieren viele Strafrichter dazu, den Angeklagten erst mal nicht zu glauben, sie werden dafür ihre Gründe haben. Vor diesem Hintergrund ist der Grundsatz, dass einem Täter die Tat bewiesen werden muss, und nicht der Tatverdächtige sein Unschuld beweisen, ein Stück weit theoretisch.

Hier jetzt auf eine Aussage seines Sugarbabes angewiesen zu sein, kann sehr heikel werden. Möglicherweise besteht die Beziehung bis zum Gerichtstermin nicht mehr (das kann sich ein paar Jahre hinziehen), man ist in der Zeit auch nicht in der Position, sein Sugarbabe verärgern zu können (das könnte sich auf dessen Aussage auswirken), und möglicherweise glaubt der Richter auch dieser Aussage nicht ("nach so viel Gefälligkeiten ist ja wohl klar, wie sie aussagt").

Auch eine Altersangabe von mindestens 18 Jahre bei einer Kleinanzeige oder einem spezialisierten Portal ist da nicht wirklich ein Hinweis, denn jüngere Personen werden dort erst gar nicht zugelassen, also besteht die Versuchung für werdende

Sugarbabes, da ein entsprechend hohes Alter anzugeben. Damit muss ein Sugardaddy rechnen, der ja üblicherweise ein im Leben stehender, wirtschaftlich erfolgreicher Mann ist (und somit vermutlich nicht übermäßig naiv). Zu einer solchen Altersangabe sollten weitere Indizien kommen, damit man das glauben "darf": Mit einer abgeschlossenen Berufsausbildung ist Volljährigkeit glaubhaft, Studierende brauchen eine Hochschulreife, auch damit ist man üblicherweise volljährig. Möglicherweise finden sich auch in den Chat-Verläufen Indizien dafür, dass der Sugardaddy von Volljährigkeit ausgehen durfte.

Sexuelle Handlungen gegen Entgelt

Schauen wir uns nun Absatz (2) an, der für Sugardaddys die größere Bedeutung hat – die Ausnutzung von Notlagen kommt da eher selten vor.

Zum Tatbestand gehört zunächst einmal, dass der Täter selbst volljährig sein muss. Minderjährige Sugardaddys sind in der Praxis jedoch selten. Zudem muss der Täter selbst die sexuellen Handlungen vornehmen oder an sich vornehmen lassen, der Dritte ist in diesem Absatz nicht mehr zu finden.

Und dann müssen die sexuellen Handlungen gegen Entgelt vorgenommen werden. Das Strafrecht unterscheidet hier (vernünftigerweise) zwischen *sexuellen Handlungen gegen Entgelt* und *Prostitution*, für Letzteres muss die Gewerbsmäßigkeit hinzutreten. Wenn ein Sugarbabe einen einzigen Sugardaddy hat, dann liegt im Sinne des Strafrechts keine Gewerbsmäßigkeit und damit keine Prostitution vor (im ProstSchG sieht das anders aus, wir werden uns das noch ansehen).

Der juristische Laie versteht unter *gegen Entgelt* in der Regel *gegen Geld*, und verkennt dabei, dass jeder Vermögensvorteil dazu zählt, also zum Beispiel *Wohnungsgewährung*, *Naturalleistungen*, *Einladung zu Freizeitaktivitäten*.

Zu den sexuellen Handlungen gehören auf jeden Fall der Geschlechtsverkehr sowie seine homo- und heterosexuellen Ersatzhandlungen, das Entblößen und – je nach Intensität – auch das Betasten der (auch bekleideten) Geschlechtsteile (auch der weiblichen Brust) in sexueller Absicht (nicht beispielsweise bei einer Leibesvisitation durch die Polizei) sowie der Zungenkuss.

Nicht zu den sexuellen Handlungen gehören üblicherweise „normale" Küsse, Umarmungen oder Streicheln des Körpers abseits der Geschlechtsteile.

Zur Vollendung der Tat muss die sexuelle Handlung durchgeführt sein, bezüglich dem Entgelt reicht das Entgeltversprechen. Sein Sugarbabe dann nicht zu bezahlen hat also keine strafbefreiende Wirkung. Ohnehin ist auch der Versuch strafbar.

Für das Absehen von der Strafe nach Abschnitt (6) gibt es kaum tatsächliche Anwendungsfälle. Allenfalls wird hier der Raum für eher zweifelhafte Deals eröffnet.

Insgesamt: Mit minderjährigen Sugarbabes begibt man sich auf äußerst dünnes Eis. Es kann daher nur geraten werden, schon bei leichten Zweifels sich Gewissheit zu verschaffen oder die Sache vorsichtshalber nicht weiter zu verfolgen.

Weitere Fallstricke im Strafrecht

Solange man die Finger von Minderjährigen lässt, hat man als Sugardaddy strafrechtlich eigentlich nichts weiter zu befürchten. "Eigentlich" deshalb, weil es da noch weitere Paragraphen gibt, die man kennen sollte.

Menschenhandel

§ 232 Menschenhandel

(1) Mit Freiheitsstrafe von sechs Monaten bis zu fünf Jahren wird bestraft, wer eine andere Person unter Ausnutzung ihrer persönlichen oder wirtschaftlichen Zwangslage oder ihrer Hilflosigkeit, die mit dem Aufenthalt in einem fremden Land verbunden ist, oder wer eine andere Person unter einundzwanzig Jahren anwirbt, befördert, weitergibt, beherbergt oder aufnimmt, wenn

1. diese Person ausgebeutet werden soll

a) bei der Ausübung der Prostitution oder bei der Vornahme sexueller Handlungen an oder vor dem Täter oder einer dritten Person oder bei der Duldung sexueller Handlungen an sich selbst durch den Täter oder eine dritte Person,

b) durch eine Beschäftigung,

...

Ausbeutung durch eine Beschäftigung im Sinne des Satzes 1 Nummer 1 Buchstabe b liegt vor, wenn die Beschäftigung aus rücksichtslosem Gewinnstreben zu Arbeitsbedingungen erfolgt, die in einem auffälligen Missverhältnis zu den Arbeitsbedingungen solcher Arbeitnehmer stehen, welche der gleichen oder einer vergleichbaren Beschäftigung nachgehen (ausbeuterische Beschäftigung).

Mit Ausbeutung ist wirtschaftliche Ausbeutung gemeint, kurz dargestellt ist damit gemeint ein Missverhältnis zwischen Leistung und Gegenleistung. Üblicherweise erfolgt der Geldfluss vom Sugardaddy zum Sugarbabe, da kann es also keine Ausbeutung geben.

Kennen muss man den Paragraphen, weil hier auch Beförderung und Beherbergung zum Tatbestand gehören. Nehmen wir

an, ein Sugardaddy will mit seinem Sugarbabe für einen Kurz-
urlaub an die Nordsee fahren. Sie fragt nun per WhatsApp-Nach-
richt an, ob er eine Freundin bis nach Hamburg mitnehmen könne, sie habe da einen Aushilfsjob. Man schreibt dabei ein wenig
hin und her, dabei wird klar, dass das nicht so recht lukrativ ist,
noch nicht mal Mindestlohn, aber da sie derzeit zwischen Abi
und Studium nichts Besseres hat, will sie das dennoch machen.
Und weil er nun mal ein Gentleman ist, schlägt er seinem
Sugarbabe diesen Wunsch nicht ab.

Dann haben wir alles, was zu einer Verurteilung nach § 232
erforderlich ist:

- Alter unter 21 Jahre (damit muss er zumindest rechnen zwischen Abi und Studium)

- Beförderung

- Ausbeutung (noch nicht mal Mindestlohn)

Und das alles sauber auf WhatsApp dokumentiert, da braucht
er es auch nicht mehr mit einem Tatbestandsirrtum zu versuchen...

Wenn jetzt noch ein Staatsanwalt den Chat-Verlauf in die Fin-
ger bekommt, kann es schnell sehr ungemütlich werden (weil
Menschenhandel keinen minderschweren Fall kennt und keine
Geldstrafe vorsieht).

Wir sehen, dass im Strafgesetzbuch der Menschenhandel völlig
anders definiert ist als das, was der Normalbürger sich darunter
vorstellt.

Zwangsprostitution

So, wie beim Menschenhandel keine Menschen gehandelt werden müssen, braucht es bei der Zwangsprostitution auch keinen
Zwang:

§ 232a Zwangsprostitution

(1) Mit Freiheitsstrafe von sechs Monaten bis zu zehn Jahren wird bestraft, wer eine andere Person unter Ausnutzung ihrer persönlichen oder wirtschaftlichen Zwangslage oder ihrer Hilflosigkeit, die mit dem Aufenthalt in einem fremden Land verbunden ist, oder wer eine andere Person unter einundzwanzig Jahren veranlasst,

1. die Prostitution aufzunehmen oder fortzusetzen oder

2. sexuelle Handlungen, durch die sie ausgebeutet wird, an oder vor dem Täter oder einer dritten Person vorzunehmen oder von dem Täter oder einer dritten Person an sich vornehmen zu lassen.

(2) Der Versuch ist strafbar.

(3) Mit Freiheitsstrafe von einem Jahr bis zu zehn Jahren wird bestraft, wer eine andere Person mit Gewalt, durch Drohung mit einem empfindlichen Übel oder durch List zu der Aufnahme oder Fortsetzung der Prostitution oder den in Absatz 1 Nummer 2 bezeichneten sexuellen Handlungen veranlasst.

...

Bei Personen unter 21 Jahre braucht es keine Zwangslage und keine Hilflosigkeit, es reicht jede Form einer *ursächlichen Handlung* (so die Formulierung im Kommentar), die dazu führt, dass das Opfer die Prostitution aufnimmt oder fortsetzt (oder aber durch sexuelle Handlungen ausgebeutet wird).

Nehmen wir die Konstellation des 19-Jährigen Sugarbabes, das nach MacBook und Führerschein nun jetzt das eigene Auto haben möchte, natürlich "was Schickes" und selbstverständlich einen Neuwagen. Der auch nicht unbeschränkt wirtschaftlich leistungsfähige Sugardaddy empfiehlt ihr, bei solchen Wünschen sich doch an eine High-Class-Escort-Agentur zu wenden (ab hier ist es der strafbare Versuch), was sie dann auch macht (ab jetzt haben wir die vollendete Tat).

Vergewaltigung

Es gehört zum Wesen des Sugardatings, dass sexuelle Handlungen nicht nur strikt einvernehmlich erfolgen, sondern auch, dass dieses Einvernehmen weit im Vorfeld und vergleichsweise offen und detailliert hergestellt wird. Irgendwelche Missverständnisse sollten dadurch deutlich seltener auftreten als bei Zufallsbekanntschaften.

Nun ist man aber auch als Sugardaddy nicht vor falschen Verdächtigungen oder unterschiedlichen Erinnerungen an das Besprochene gefeit. Im Gegensatz zu anderen Konstellationen liegen da neben zwei (in der Regel widersprechenden) Aussagen auch noch Sachbeweise in Form von Portal-Profilen und Chat-Protokollen vor. Als Sugardaddy geht man da üblicherweise ein geringeres Risiko ein, als wenn man in Discotheken oder bei Volksfesten sucht.

Dennoch sollte man die entsprechenden Regelungen kennen. Derzeit (der Gesetzgeber schraut an diesem Paragraphen recht häufig rum) sieht das wie folgt aus:

§ 177 Sexueller Übergriff; sexuelle Nötigung; Vergewaltigung

(1) Wer gegen den erkennbaren Willen einer anderen Person sexuelle Handlungen an dieser Person vornimmt oder von ihr vornehmen lässt oder diese Person zur Vornahme oder Duldung sexueller Handlungen an oder von einem Dritten bestimmt, wird mit Freiheitsstrafe von sechs Monaten bis zu fünf Jahren bestraft.

(2) Ebenso wird bestraft, wer sexuelle Handlungen an einer anderen Person vornimmt oder von ihr vornehmen lässt oder diese Person zur Vornahme oder Duldung sexueller Handlungen an oder von einem Dritten bestimmt, wenn

1. der Täter ausnutzt, dass die Person nicht in der Lage ist, einen entgegenstehenden Willen zu bilden oder zu äußern,

2. der Täter ausnutzt, dass die Person auf Grund ihres körperlichen oder psychischen Zustands in der Bildung oder Äußerung des Willens erheblich eingeschränkt ist, es sei denn, er hat sich der Zustimmung dieser Person versichert,

3. der Täter ein Überraschungsmoment ausnutzt,

4. der Täter eine Lage ausnutzt, in der dem Opfer bei Widerstand ein empfindliches Übel droht, oder

5. der Täter die Person zur Vornahme oder Duldung der sexuellen Handlung durch Drohung mit einem empfindlichen Übel genötigt hat.

(3) Der Versuch ist strafbar.

(4) Auf Freiheitsstrafe nicht unter einem Jahr ist zu erkennen, wenn die Unfähigkeit, einen Willen zu bilden oder zu äußern, auf einer Krankheit oder Behinderung des Opfers beruht.

(5) Auf Freiheitsstrafe nicht unter einem Jahr ist zu erkennen, wenn der Täter

1. gegenüber dem Opfer Gewalt anwendet,

2. dem Opfer mit gegenwärtiger Gefahr für Leib oder Leben droht oder

3. eine Lage ausnutzt, in der das Opfer der Einwirkung des Täters schutzlos ausgeliefert ist.

(6) In besonders schweren Fällen ist auf Freiheitsstrafe nicht unter zwei Jahren zu erkennen. Ein besonders schwerer Fall liegt in der Regel vor, wenn

1. der Täter mit dem Opfer den Beischlaf vollzieht oder vollziehen lässt oder ähnliche sexuelle Handlungen an dem Opfer vornimmt oder von ihm vornehmen lässt, die dieses besonders erniedrigen, insbesondere wenn sie mit einem Eindringen in den Körper verbunden sind (Vergewaltigung), oder

2. die Tat von mehreren gemeinschaftlich begangen wird.

(7) Auf Freiheitsstrafe nicht unter drei Jahren ist zu erkennen, wenn der Täter

1. eine Waffe oder ein anderes gefährliches Werkzeug bei sich führt,

2. sonst ein Werkzeug oder Mittel bei sich führt, um den Widerstand einer anderen Person durch Gewalt oder Drohung mit Gewalt zu verhindern oder zu überwinden, oder

3. das Opfer in die Gefahr einer schweren Gesundheitsschädigung bringt.

(8) Auf Freiheitsstrafe nicht unter fünf Jahren ist zu erkennen, wenn der Täter

1. bei der Tat eine Waffe oder ein anderes gefährliches Werkzeug verwendet oder

2. das Opfer

a) bei der Tat körperlich schwer misshandelt oder

b) durch die Tat in die Gefahr des Todes bringt.

(9) In minder schweren Fällen der Absätze 1 und 2 ist auf Freiheitsstrafe von drei Monaten bis zu drei Jahren, in minder schweren Fällen der Absätze 4 und 5 ist auf Freiheitsstrafe von sechs Monaten bis zu zehn Jahren, in minder schweren Fällen der Absätze 7 und 8 ist auf Freiheitsstrafe von einem Jahr bis zu zehn Jahren zu erkennen.

Absatz (1) ist unproblematisch – zumindest wenn man Sugardaddy und nicht Vergewaltiger ist. Vieleicht ist noch anzumerken, dass hier noch überhaupt kein Zwang, keine Gewalt, keine Drohung erforderlich ist. Es reicht zur Strafbarkeit, wenn der entgegenstehende Wille des Opfers hätte erkannt werden können.

Absatz (2) regelt nun ein paar Sonderfälle: Zunächst einmal die Konstellationen, dass das Opfer nicht in der Lage oder erheblich eingeschränkt ist, einen entgegenstehenden Willen zu bilden oder zu äußern. Da die Fälle von Krankheit und Behinderung eigens in Absatz (4) geregelt sind, ist hier primär an einen Alkohol- oder Drogenrausch, an Schlaf oder an Bewusstlosigkeit zu denken.

Fälle von Überraschungen dürften eher unter sexuelle Belästigung fallen, das schauen wir uns noch an. Das Ausnutzen einer nötigungsgeeigneten Lage könnte dann vorliegen, wenn das Opfer zwar jederzeit gehen könnte, sich dann aber in der Nacht, womöglich an einem ihm unbekannten Ort, vielleicht auch noch mit leerem Handy-Akku auf den Weg machen müsste.

Absatz (5) verschärft den Strafrahmen im Falle der Anwendung von Gewalt, der Drohung damit oder dem Ausnutzen einer Lage, in der das Oper schutzlos ausgeliefert ist.

Der besonders schwere Fall liegt dann vor, wenn der Täter in den Körper des Opfers eindringt (also vaginaler, analer und oraler Geschlechtsverkehr, Fingern, auch Einführen eines Dildos oder eines anderen Gegenstandes). In diesem Fall beträgt die Mindeststrafe 2 Jahre, das kann dann auch nicht mehr zur Bewährung ausgesetzt werden.

Die Verschärfung des Absatz (7) bezieht sich auf die Absätze (1), (2), (4), (5) und (6). Wenn der Täter zum Beispiel ein Taschenmesser mit sich führt (es reicht, wenn er es ohne Verwendungsabsicht nur mit sich führt, es braucht dabei nicht eingesetzt werden), dann werden schon eher triviale sexuelle Handlungen mit massiven Strafen bedroht.

Zu beachten ist, dass selbstverständlich auch ein Sugarbabe Täter eines solchen Verbrechens werden kann. Gegeben sei die Konstellation, dass bei einem Kennenlerntreffen das Sugarbabe finanzielle Vorstellungen geäußert hat, die über dem Limit des Sugardaddys liegen. Als Gentleman bringt er sie dennoch mit seinem Wagen heim, und weil sie gerade etwas Geld gebrauchen kann, versucht sie mit "massivem Körpereinsatz", ihn "heiß zu machen", um so doch noch zu einem lukrativen Date zu kommen, obwohl er deutlich gemacht hat, dass sie das sein lassen soll. Wenn sie jetzt noch ihr Döschen Reizgasspray in der Handtasche mit sich führt, kann ihr diese Aktion mehrere Jahre Haft einbringen. (Okay, wenn sie sich einen brauchbaren Anwalt leisten kann, dann wird der auf einen minder schweren Fall plädieren, Absatz (9), Mindesstrafe dann 1 Jahr, das kann noch zur Bewährung ausgesetzt werden...)

Sexuelle   Belästigung

Um den § 184i richtig zu verstehen, sollte man sich zunächst den § 184h ansehen:

§ 184h Begriffsbestimmungen

Im Sinne dieses Gesetzes sind

1. sexuelle Handlungen

nur solche, die im Hinblick auf das jeweils geschützte Rechtsgut von einiger Erheblichkeit sind,

...

Mit dieser Vorschrift hat der Gesetzgeber Bagatellfälle ausgenommen, um sie dann später mit dem § 184i wieder strafbar zu machen:

§ 184i Sexuelle Belästigung

(1) Wer eine andere Person in sexuell bestimmter Weise körperlich berührt und dadurch belästigt, wird mit Freiheitsstrafe bis zu zwei Jahren oder mit Geldstrafe bestraft, wenn nicht die Tat in anderen Vorschriften mit schwererer Strafe bedroht ist.

(2) In besonders schweren Fällen ist die Freiheitsstrafe von drei Monaten bis zu fünf Jahren. Ein besonders schwerer Fall liegt in der Regel vor, wenn die Tat von mehreren gemeinschaftlich begangen wird.

(3) Die Tat wird nur auf Antrag verfolgt, es sei denn, dass die Strafverfolgungsbehörde wegen des besonderen öffentlichen Interesses an der Strafverfolgung ein Einschreiten von Amts wegen für geboten hält.

Damit sollen die "Grapscher" auch dann noch bestraft werden, wenn das Gericht bei § 184h davon ausgeht, dass "einige Erheblichkeit" noch nicht vorliegt. Die Belästigung ist ein subjektives Empfinden, es wird also nicht der Durchschnittsbürger zum Maßstab gemacht, sondern das Tatopfer.

Dieses Delikt ist selbstverständlich auch von Frauen begehbar. Würde das Sugarbabe vom Beispiel im vorherigen Kapitel nicht mit "massivem Körpereinsatz", sondern nur mit "erheblichem Körpereinsatz" agieren, dann wäre es zwar kein § 177, aber immer noch § 184i.

Nachstellung

Unter dem Begriff *Nachstellung* hat der Gesetzgeber so genanntes *Stalking* unter Strafe gestellt.

§ 238 Nachstellung

(1) Mit Freiheitsstrafe bis zu drei Jahren oder mit Geldstrafe wird bestraft, wer einer anderen Person in einer Weise unbefugt nachstellt, die geeignet ist, deren Lebensgestaltung schwerwiegend zu beeinträchtigen, indem er beharrlich

1. die räumliche Nähe dieser Person aufsucht,

2. unter Verwendung von Telekommunikationsmitteln oder sonstigen Mitteln der Kommunikation oder über Dritte Kontakt zu dieser Person herzustellen versucht,

3. unter missbräuchlicher Verwendung von personenbezogenen Daten dieser Person

a) Bestellungen von Waren oder Dienstleistungen für sie aufgibt oder

b) Dritte veranlasst, Kontakt mit ihr aufzunehmen, oder

4. diese Person mit der Verletzung von Leben, körperlicher Unversehrtheit, Gesundheit oder Freiheit ihrer selbst, eines ihrer Angehörigen oder einer anderen ihr nahestehenden Person bedroht oder

5. eine andere vergleichbare Handlung vornimmt.

(2) Auf Freiheitsstrafe von drei Monaten bis zu fünf Jahren ist zu erkennen, wenn der Täter das Opfer, einen Angehörigen des Opfers oder eine andere dem Opfer nahe stehende Person durch die Tat in die Gefahr des Todes oder einer schweren Gesundheitsschädigung bringt.

(3) Verursacht der Täter durch die Tat den Tod des Opfers, eines Angehörigen des Opfers oder einer anderen dem Opfer nahe stehenden Person, so ist die Strafe Freiheitsstrafe von einem Jahr bis zu zehn Jahren.

(4) In den Fällen des Absatzes 1 wird die Tat nur auf Antrag verfolgt, es sei denn, dass die Strafverfolgungsbehörde
wegen des besonderen öffentlichen Interesses an der Strafverfolgung ein Einschreiten von Amts wegen für geboten
hält.

Für die Strafbarkeit bedarf es des Zusammentreffens von vier
Kriterien:

- Handlungen, die in den Punkten 1. bis 4. definiert sind, alternativ eine diesen Punkten vergleichbare Handlung (Punkt 5.
- was vergleichbar ist, entscheidet im Zweifelsfall der Richter, bezüglich des so genannten *Bestimmtheitsgebots* wäre
Punkt 5. zu kritisieren).

- Die Unbefugtkeit der Nachstellung. Wer zum Beispiel Unter-
haltsforderungen durchsetzen möchte, handelt nicht unbefugt, Amtsträger (Polizei, Gerichtsvollzieher...) in Ausübung
ihres Amtes ohnehin nicht.

- Die Beharrlichkeit des Handelns. Eine genaue Anzahl der
Handlungen hängt vom Einzelfall ab, es sind jedoch mindestens zwei.

- Die Eignung, die Lebensgestaltung schwerwiegend zu beeinträchtigen. Wer auf *mysugardaddy.de* eine andere Person lau-
fend anschreibt, ohne da eine (zustimmende) Reaktion zu erhalten, oder womöglich gegen den erklärten Willen dieser anderen Person, erfüllt diese Voraussetzung nicht – zum Blok-
ken der Person reichen zwei Mausklicks, das ist weit unter
der geforderten Schwerwiegendheit.

  Anders würde das aussehen, wenn beharrlich weitere Profile
erstellt werden, um das Blocken zu umgehen.

Zu den Handlungen, die in Absatz (1) explizit genannt sind, gehören:

- Das Aufsuchen der räumlichen Nähe. Darunter fällt das unbefugte Aufhalten im Flur vor der Wohnung, vor dem Gartenzaun oder auch am Arbeitsplatz. Nicht unbefugt wäre zum Beispiel, wenn man Nachbar beziehungsweise Arbeitskollege der betreffenden Person ist.

- Versuch der Kontaktaufnahme, das kann telefonisch sein, das können aber auch Chat-Nachrichten oder Briefe sein.

- Die missbräuchliche Verwendung der Daten wäre zum Beispiel dann gegeben, wenn die Adresse des Opfers irgendwo veröffentlicht ist, wo damit zu rechnen ist, dass sie von unbeteiligten Dritten genutzt wird. Eine solche Adresse in einem speziellen Internetforum veröffentlicht, verbunden mit dem Hinweis, der oder die Betreffende würde diese oder jene sexuelle Handlung gewerblich anbieten und sei sehr zu empfehlen, ist durchaus geeignet, das Opfer zu einem Wohnungswechsel zu veranlassen, was auf jeden Fall eine schwerwiegende Beeinträchtigung der Lebensgestaltung darstellt.

Die Absätze (2) und (3) erfassen einerseits Panikreaktionen des Tatopfers, andererseits auch dadurch ausgelöste Depressionen oder gar einen Suizid.

Absatz (4) macht aus der Tat ein Antragsdelikt. Wenn der Staatsanwalt das jedoch verfolgen möchte (uns sei es, weil es für etwas anderes nicht reicht), wird er sich von einem fehlenden Antrag des Tatopfers nicht aufhalten lassen, sondern das besondere öffentliche Interesse bejahen.

Das Prostitutionsgesetz

Sugardating ist dem Wesen nach keine Prostitution, es werden jedoch sexuelle Handlungen gegen Entgelt durchgeführt. Im Gegensatz zum Strafgesetzbuch wird das im ProstG und im ProstSchG nicht unterschieden. Von daher werden wir uns auch diese Gesetze ansehen müsen.

Wem die Ausführungen zu juristisch werden, der blättert einfach vor bis zu *praktische Relevanz.*

Die Bedeutung des *Gesetzes zur Regelung der Rechtsverhältnisse der Prostituierten*, kurz *Prostitutionsgesetz* (ProstG) beruht weniger auf die Regelung eben dieser Rechtsverhältnisse, sondern auf die Änderung von StGB § 180a sowie darauf, dass der Gesetzgeber damit einen Paradigmenwechsel manifestiert hat, in dessen Lichte etliche andere Vorschriften neu auszulegen sind.

Das Zustandekommen des Prostitutionsgesetzes ist im Wesentlichen durch drei Aspekte geprägt:

- Die stark differierenden Wertevorstellungen der einzelnen Fraktionen, die von der Beibehaltung oder gar Verschärfung der bisherigen Rechtslage bis hin zu einer völligen Gleichstellung dieser beruflichen Tätigkeit gingen.

- Die sich auch in diesem Gesetz zeigende Tendenz der damaligen rot-grünen Bundesregierung zu handwerklich schlampiger Arbeit.

- Durch die Mehrheit der Unionsparteien im Bundesrat, wodurch alle Regelungen vermieden werden mussten, die aus dem ProstG ein zustimmungspflichtiges Gesetz gemacht hätten.

Herausgekommen ist ein stark auslegungsbedürftiges Gesetz, das in den einzelnen Bundesländern und Gemeinden ganz unterschiedlich interpretiert und umgesetzt wird. Es wird ergänzt und zum Teil konterkariert durch das ProstSchG, das wir uns anschließend auch noch ansehen werden.

Das ProstG umfasst drei Artikel: Der erste Artikel umfasst mit seinen drei Paragraphen den Kern des Prostitutionsgesetzes, Artikel zwei beinhaltet die Änderungen von zwei Paragraphen des Strafgesetzbuches (StGB § 180a und § 181a), Artikel drei regelt den Beginn der Gültigkeit (1. Januar 2002).

Da die Regelungen des ProstG in vielerlei Hinsicht unbestimmt sind und somit der Auslegung bedürfen, kommt der Begründung dieses Gesetzes eine maßgebliche Rolle zu: Diese muss regelmäßig dazu herangezogen werden, um den Willen des Gesetzgebers erkennen zu können.

Das ProstG kann nicht losgelöst vom Bürgerlichen Gesetzbuch (BGB) gesehen werden, so dass beide Gesetzeswerke hier gemeinsam besprochen werden sollen.

§ 1

Sind sexuelle Handlungen gegen ein vorher vereinbartes Entgelt vorgenommen worden, so begründet diese Vereinbarung eine rechtswirksame Forderung. Das Gleiche gilt, wenn sich eine Person, insbesondere im Rahmen eines Beschäftigungsverhältnisses, für die Erbringung derartiger Handlungen gegen ein vorher vereinbartes Entgelt für eine bestimmte Zeitdauer bereithält.

§ 2

Die Forderung kann nicht abgetreten und nur im eigenen Namen geltend gemacht werden. Gegen eine Forderung gemäß § 1 Satz 1 kann nur die vollständige, gegen eine Forderung nach § 1 Satz 2 auch die teilweise Nichterfüllung, soweit sie die vereinbarte Zeitdauer betrifft, eingewendet werden. Mit Ausnahme des Erfüllungseinwandes gemäß des § 362 des Bürgerlichen Gesetzbuchs und der Einrede der Verjährung sind weitere Einwendungen und Einreden ausgeschlossen.

§ 3

Bei Prostituierten steht das eingeschränkte Weisungsrecht im Rahmen einer abhängigen Tätigkeit der Annahme einer Beschäftigung im Sinne des Sozialversicherungsrechts nicht entgegen.

ProstG §1

Vor Inkrafttreten des ProstG galt die Vereinbarung über eine entgeltliche sexuelle Handlung als sittenwidrig (gegen „das Anstandsgefühl aller billig und gerecht Denkenden", so die gängige Definition) und somit als nichtig. Grundlage für die Nichtigkeit ist BGB § 138.

BGB § 138 Sittenwidriges Rechtsgeschäft; Wucher

(1) Ein Rechtsgeschäft, das gegen die guten Sitten verstößt, ist nichtig.

(2) ...

ProstG §1 Satz 1 ist eine Spezialregelung zu BGB § 138, und eine solche Spezialregelung hat stets Vorrang vor der allgemeinen Regelung, gerade auch dann, wenn sie davon abweicht (sonst bräuchte man sie ja nicht).

Aus der Begründung des Gesetzgebers ergibt sich, dass er nicht ein gültiges Rechtsgeschäft trotz Sittenwidrigkeit gewollt hat, sondern dass mit dem ProstG die Sittenwidrigkeit der Prostitution insgesamt abgeschafft wurde. (Sugardating als Zwischenstufe zwischen konventioneller Beziehungen und Prostitution ist somit definitiv auch nicht sittenwidrig.)

Somit würde nun die Möglichkeit bestehen, dass eine Prostituierte das vereinbarte Entgelt (nach erbrachter Leistung) vor Gericht einklagt. (Analoges gilt für ein Sugarbabe, auch wenn es sich im Verständnis der Beteiligten nicht um erbrachte Leistungen handelt.)

In der Praxis spielt diese Möglichkeit eine sehr untergeordnete Rolle, weil neben der Rechtslage auch die Beweissituation vor Gericht von ganz erheblicher Bedeutung ist.

Die vom Gesetzgeber gewählte Vertragsform ist die des atypischen einseitig verpflichtenden Dienstvertrags:

Nach getroffener Vereinbarung entstehen erst mal keine sogenannte Hauptpflichten der Vertragsparteien: Der Kunde muss nicht bezahlen, die Prostituierte nicht dienstleisten. Auch ein Sugarbabe kann jederzeit sich dafür entscheiden, entsprechende Handlungen nicht durchzuführen oder abzubrechen. Wohl aber entstehen Nebenpflichten.

Die Sexarbeiterin ist nun in ihrer Entscheidung frei, ob sie sexuelle Dienstleistungen erbringt. Wenn sie das nicht tut, dann hat dies keine Konsequenzen: Weder kann ihr Vertragspartner die Einhaltung des Vertrags per Gerichtsvollzieher durchsetzen, noch kann er aus der Nichterfüllung Schadensersatz beanspruchen.

Analoges gilt für ein Sugarbabe: Wenn man sich plötzlich in der Situation unwohl fühlt, der Sugardaddy sich plötzlich doch nicht so charmant verhält, wie man angenommen hat, oder warum auch immer: Es besteht keine Verpflichtung zu sexuellen Handlungen, und wenn man sich plötzlich dagegen entscheidet, muss man auch nicht das Hotelzimmer zahlen.

Lediglich dann, wenn der Sugardaddy die Zuwendung bereits vorher übergeben hat, muss man diese zurückgeben.

Sobald die Prostituierte jedoch ihren Teil der Vereinbarung erfüllt hat, lebt auch die Hauptpflicht des Kunden auf: Er muss das vereinbarte Entgelt bezahlen.

Zu den Hauptpflichten zählt der Jurist den Kern der Vereinbarung, hier also die Erbringung der sexuellen Dienstleistung und die Bezahlung des vereinbarten Entgelts. Aus dem Vertrag ergeben sich jedoch auch noch Nebenpflichten, von denen wir uns die Relevanten genauer ansehen wollen:

Der Kunde ist zur Annahme der Leistung verpflichtet, da die Sexarbeiterin die Leistung üblicherweise nicht ohne seine Mitwirkung erbringen kann. In einfacheren Worten: Ein Sugardaddy kann sich die Zuwendung nicht dadurch sparen, dass er den Sex mit dem Sugarbabe verweigert. In diesem Fall ist dann BGB § 615 analog anzuwenden:

> **BGB § 615 Vergütung bei Annahmeverzug (...)**
>
> Kommt der Dienstberechtigte mit der Annahme der Dienste in Verzug, so kann der Verpflichtete für die infolge des Verzugs nicht geleisteten Dienste die vereinbarte Vergütung verlangen, ohne zur Nachleistung verpflichtet zu sein. Er muss sich jedoch den Wert desjenigen anrechnen lassen, was er infolge des Unterbleibens der Dienstleistung erspart oder durch anderweitige Verwendung seiner Dienste erwirbt oder zu erwerben böswillig unterlässt. (...)

Diese Möglichkeit der Anrechnung dürfte beim Sugardating sehr bedeutungslos sein.

Daneben könnte gegebenenfalls ein Ersatz des Mehraufwandes nach BGB § 304 geltend gemacht werden, beispielsweise ein Hotelzimmer, wenn das Sugarbabe bei Annahmeverzug in einer fremden Stadt keine Bleibe hat und bei fortgerückter Stunde auch nicht mehr heim fahren kann.

Die Annahmepflicht des Sugardaddys ist allerdings nur eine sogenannte Obliegenheit, sie ist nicht einklagbar und nicht vollstreckbar. So, wie es sich mit der Menschenwürde nicht vereinbaren lässt, dass ein Sugarbabe zu sexuellen Dienstleistungen verpflichtet wird, so lässt es sich auch nicht damit vereinbaren, dass ihr Sugardaddy dazu verpflichtet wird. Eine Klage auf Schadensersatz wegen entgangenem Lustgewinn oder Ähnlichem scheidet somit aus.

Es kommt nicht darauf an, dass die Vereinbarung über das Entgelt vorher getroffen wurde, es kann auch nach Erbringung der sexuellen Dienstleistung vereinbart werden. Der Gesetzestext würde bei buchstabengetreuer Auslegung etwas anderes besagen, für eine entsprechende Regelungsabsicht des Gesetzgebers finden sich jedoch keine Anhaltspunkte – auch die Fachliteratur kommt einheitlich zu diesem Ergebnis.

Die Vereinbarung kennt kein Formerfordernis, sie muss also nicht schriftlich abgeschlossen werden. Üblich sind bei Erstkontakten mündlich getroffene Vereinbarungen, danach überwiegt das, was die Juristen *konkludentes Handeln* nennen: Beide Vertragsparteien handeln so, also ob sie einen Vertrag explizit geschlossen hätten.

Der zweite Satz (Das Gleiche gilt...) regelt die Rechtsverhältnisse zwischen Bordellbetreiber und Prostituierten, im Bereich des Sugardatings gibt es nichts Entsprechendes.

ProstG § 2

Warum der Gesetzgeber der Ansicht gewesen ist, dass es die rechtliche Situation der Sexarbeiterinnen verbessert, wenn sie ihre Forderungen nicht abtreten dürfen und in eigenem Namen einklagen müssen, erschließt sich auch nach Lektüre der Begründung nicht. Man ist versucht zu vermuten, dass in Wahrheit beabsichtigt ist, den Gang vor den Kadi zu hemmen, um den ohnehin überlasteten Gerichten keine zusätzliche Arbeit zu schaffen.

Satz zwei befasst sich mit dem Problem der Nichterfüllung des Vertrags: Das Vertragsrecht kennt sogenannte Einwände wegen Nicht-, Teil oder Schlechterfüllung. Entsprechend kann das zu leistende Entgelt reduziert werden oder entfällt ganz.

Wird eine Vereinbarung über eine bestimmte sexuelle Dienstleistung getroffen (ProstG § 1 Satz 1), dann gibt es nur den Einwand der Nichterfüllung. Bei einer Teil- oder Schlechterfüllung lebt die Leistungspflicht des Kunden in vollem Umfang auf. Die

Ursache dieser Einschränkung dürfte darin zu suchen sein, dass der Gesetzgeber die ohnehin überlasteten Gerichte nicht auch noch damit beschäftigen wollte, Streitigkeiten zwischen Sexarbeiterinnen und deren Kunden über die Qualität der Leistung entscheiden zu müssen.

Im Bereich des Sugardatings besteht also rechtlich nicht die Möglichkeit, die vereinbarte Zuwendung zu reduzieren, wenn der Sugardaddy unzufrieden gewesen ist.

Satz drei befasst sich mit den weiteren möglichen Einwänden gegen eine solche Forderung. Das BGB kennt eine ganze Reihe von Einwänden, von denen fast alle ausgeschlossen werden.

BGB § 362 Erlöschen durch Leistung

(1) Das Schuldverhältnis erlischt, wenn die geschuldete Leistung an den Gläubiger bewirkt wird.

(2) ...

Nicht ausgeschlossen ist zunächst einmal der sogenannte Erfüllungseinwand: Die Pflicht des Kunden zur Zahlung erlischt, sobald er bezahlt. Unter Nichtjuristen müsste man dies nicht eigens erwähnen, Juristen brauchen eine solche Regelung jedoch, weil sonst ein und dieselbe Forderung beliebig oft betrieben werden könnte.

Nicht ausgeschlossen ist auch die Verjährung.

BGB § 195 Regelmäßige Verjährungsfrist

Die regelmäßige Verjährungsfrist beträgt drei Jahre.

> **BGB § 199 Beginn der regelmäßigen Verjährungsfrist und Höchstfristen**
>
> (1) Die regelmäßige Verjährungsfrist beginnt mit dem Schluss des Jahres, in dem
>
> 1. der Anspruch entstanden ist und
>
> 2. der Gläubiger von den den Anspruch begründenden Umständen und der Person des Schuldners Kenntnis erlangt oder ohne grobe Fahrlässigkeit erlangen müsste.

Es ist in der einschlägigen Fachliteratur nicht ganz unstrittig, ob der Anspruch mit der Vereinbarung der sexuellen Dienstleistung oder ihrer Erbringung entsteht. Zumindest beginnt dann am Ende des Jahres eine dreijährige Verjährungsfrist zu laufen. Eine Ausnahme gibt es dort, wo das Sugarbabe nicht weiß, wer der Vertragspartner ist (man ist ja beiderseitig auf Diskretion bedacht). Dann beginnt die Verjährungsfrist erst dann, sobald es davon Kenntnis erlangt.

§3 ist für das Sugardating ohne jede Relevanz.

Praktische Relevanz

Es ist nun nicht zu beobachten, dass in größerem Umfang Sugarbabes ihre Zuwendung vor Gericht einklagen. Die praktische Relevanz des ProstSchG entstehen dadurch, dass viele Fragen von Gesetz wegen ganz eindeutig geklärt sind, über die man sonst möglicherweise diskutieren müsste:

Muss der Sugardaddy das bezahlen, was vorher vereinbart worden ist? Wenn die vereinbarten sexuellen Handlungen stattgefunden haben, dann ja.

Muss das Sugarbabe auch dann bei sexuellen Handlungen mitmachen, wenn sie keine Lust mehr dazu hat? Nein, muss es nicht. Es entfält dann aber auch den Anspruch auf die Zuwendung.

Muss der Sugardaddy auch dann bei den sexuellen Handlungen mitmachen, wenn er keine Lust mehr dazu hat? Nein, muss er nicht. Aber es entfällt dann nicht (!) der Anspruch auf die Zuwendung.

Kann der Sugardaddy die Zuwendung reduzieren, wenn er der Ansicht ist, dass das Sugarbabe "schlecht abgeliefert hat"? Nein, kann er nicht. (Wenn das Sugarbabe das ähnlich sieht und Interesse an der Fortsetzung der Beziehung hat, dann wird es üblicherweise zustimmen, dass man sich irgendwo fair in der Mitte trifft. Ein Rechtsanspruch darauf besteht jedoch nicht.)

Das ProstSchG

Das *Gesetz zum Schutz von in der Prostitution tätigen Personen* (kurz *Prostituiertenschutzgesetz* abgekürzt *ProstSchG*) ist unter Fachleuten heftig umstritten und wird von den Personen, die es angeblichen schützen soll, weit überwiegend strikt abgelehnt. Spötter behaupten einen Tippfehler im Titel, statt *von* müsse es korrekt *vor* heißen. Kenner der Materie geben zu bedenken, dass es in dieser Branche noch nie zum eigenen Vorteil war, wenn einem ungebeten "Schutz" aufgedrängt wurde, so dass die Betitelung des Gesetzgebers möglicherweise zynisch, nicht jedoch falsch sei.

Wie dem auch sei, das Gesetz ist zum 1. Juli 2017 in Kraft getreten.

Definition der Prostitution

Für Sugarbabes und Sugardaddys ist vor allem maßgeblich, wie dieses Gesetz *Prostitution* definiert. Die Unterscheidung des Strafgesetzbuchs zwischen *sexuelle Handlungen gegen Entgelt* und *Prostitution* wird hier nicht gemacht, sondern es wird quasi alles unter *Prostitution* subsummiert.

§ 2 Begriffsbestimmungen

(1) Eine sexuelle Dienstleistung ist eine sexuelle Handlung mindestens einer Person an oder vor mindestens einer anderen unmittelbar anwesenden Person gegen Entgelt oder das Zulassen einer sexuellen Handlung an oder vor der eigenen Person gegen Entgelt. Keine sexuellen Dienstleistungen sind Vorführungen mit ausschließlich darstellerischem Charakter, bei denen keine weitere der anwesenden Personen sexuell aktiv einbezogen ist.

(2) Prostituierte sind Personen, die sexuelle Dienstleistungen erbringen.

Von den Gesetzeskommentaren zum ProstSchG hat sich bislang nur der *Büttner* ausführlicher mit der für Sugarbabes so wichtigen Abgrenzungsfrage beschäftigt.

In Randnummer 30 zum § 2 nennt er die Kriterien

- zufällige Bekanntschaft
- kurzzeitig
- fern einer Bindung

für das Vorliegen von Prostitution.

Beim klassischen Sugardating ist die Beziehung mittel- bis langfristig und auch keine zufällige Bekanntschaft: Nach einem ersten Kennenlernen zum Beispiel im Chat von *mysugardaddy.de* erfolgen eine oder mehrere Kennenlerntreffen in einem Cafe oder

Restaurant (besser unbezahlt, der Sugardaddy kann aber problemlos die Gastronomierechnung übernehmen). Es entsteht auch eine Bindung zwischen Sugarbabe und Sugardaddy, man kennt gegenseitig die bürgerlichen Namen, teils Familie und/ oder Freundeskreis, die persönlichen Vorlieben, die Beziehung beinhaltet nicht nur eine sexuelle Komponente.

In Randnummer 32 wird ausgeführt, dass die ausschließliche Finanzierung gemeinsamer Aktivitäten gegen Prostitution spreche.

In Randnummer 25 wird ausgeführt:

Mindestens die im Sprachgebrauch für "Prostituierte" verwendeten Synonyme wie "Hure", "Nutte", etc. sind nicht ohne Grund geeignet, Menschen zu beleidigen. Ist die Bewertung einer Tätigkeit als Prostituierte daher aus tatsächlichen Gründen strittig, dürfte es unter Beachtung des Ermessensrahmens und des in mutmaßlichen Verstoßfällen zur Anwendung kommenden Opportunitätsprinzips stets geboten sein, in Zweifelsfällen behördliche Maßnahmen sinnvoller Weise darauf abzustellen,

- ob entweder in der Person der Zuwendungsempfängerin ein Schutzbedürfnis (Einordnung als Prostituierte) oder

- ob gegebenenfalls in Zusammenhang mit der Beziehung ein unerlaubtes Prostitutionsgewerbe betrieben wird.

Andernfalls ist eine Befassung mit der Sache regelmäßig nicht geboten.

Beim Sugardating liegt kein Prostitutionsgewerbe vor (also Betrieb eines Bordells o.ä.). Ist ansonsten die Einordnung strittig (weil es sich im Randbereich hin zu einer privaten Beziehung abspielt) und kein Schutzbedürfnis vorhanden (ein Schutzbedürfnis könnte vorliegen, wenn das Sugarbabe nicht die deutsche Sprache spricht oder keine dauerhafte Aufenthaltserlaubnis hat), so ist nach Auffassung dieses Rechtskommentars eine Befassung mit der Sache im Normalfall nicht geboten.

Anmeldung

Wir wollen uns nun ansehen, welche Pflichten sich daraus ergeben, wenn man als Prostituierte einzuordnen ist.

§ 3 Anmeldepflicht für Prostituierte

(1) Wer eine Tätigkeit als Prostituierte oder als Prostituierter ausüben will, hat dies vor Aufnahme der Tätigkeit
persönlich bei der Behörde, in deren Zuständigkeitsbereich
die Tätigkeit vorwiegend ausgeübt werden soll, anzumelden.

(2) Soweit ein Land nach § 5 Absatz 3 Satz 1 eine abwei-
chende Regelung zur räumlichen Gültigkeit der Anmeldebescheinigung getroffen hat, ist die Tätigkeit in diesem Land
auch bei der dort zuständigen Behörde anzumelden.

Die Details der Anmeldepflicht werden in weiteren Paragraphen
geklärt, die wir uns auch noch ansehen werden. Zunächst ist
einmal festzuhalten, dass die Anmeldung vor Aufnahme der Tätigkeit anzumelden ist. Unter Tätigkeit ist hier die Erbringung
sexueller Handlungen gegen Entgelt. Man könnte z.B. auch un-
angemeldet ein Profil bei *mysugardaddy.de* anlegen, um mal zu
sehen, wie so die Nachfrage ist. Wenn man das Verhältnis mit
seinem Sugardaddy so ausgestaltet, dass es unter Prostitution
fällt, muss vor dem ersten bezahlten Sex eine Anmeldung nach
ProstSchG erfolgen.

Der Kommentar von *Hetzer, Hickel, Wiedmann* unterscheidet in
Randnummer 91 zwischen "gelegentlichem Ausprobieren" und
"echtem Einstieg" und vertritt die Rechtsmeinung, dass erst der
echte Einstieg eine Anmeldepflicht begründet. Diese Rechtsmeinung wird vom Wortlaut des ProstSchG nicht gestützt, auch
nicht von der Begründung, zumal unklar wäre, wie sich diese
beiden Termini voneinander abgrenzen. Möglicherweise liegt

dieser Rechtsmeinung eher pragmatisches Verwaltungshandeln zugrunde. Auf der anderen Seite: Wenn einem gerade ein Bußgeld wegen unterlassener Anmeldung droht und glaubhaft argumentiert werden kann, dass es sich um "gelegentliches Ausprobieren" handele (was ja beim Sugardating nicht so schwer sein sollte), dann kann man die Behörde durchaus mal auf diese Randnummer verweisen.

Das Hauptproblem bei der Anmeldung ist dabei, dass man danach als Prostituierte registriert ist, und dass staatliche Datensammlungen weder sicher sind, noch immer nur zu dienstlichen Zwecken genutzt werden. Man will eigentlich nicht in einer solchen Datensammlung erfasst werden. Auf der anderen Seite kann die Unterlassung der Anmeldung mit bis zu 1000,- Euro Bußgeld bestraft werden. Der eleganteste Ausweg ist, peinlichst darauf zu achten, dass eine SB/SD-Beziehung nicht der Charakter der Erbringung sexueller Handlungen gegen Entgelt annimmt.

Die zuständige Behörde ergibt sich aus landesrechtlichen Regelungen, sie hängt davon ab, in welchen Gemeinden beziehungsweise Bundesländern man die Tätigkeit ausüben möchte. Möchte man in anderen Gemeinden beziehungsweise Bundesländern auch noch tätig werden, dann kann es sein, dass man sich da auch anmelden muss, es muss aber nicht sein.

Die Gebühren liegen (kommunal unterschiedlich) in der Größenordnung von 50,- Euro, teilweise ist die Anmeldung auch gebührenfrei.

§ 4 Zur Anmeldung erforderliche Angaben und Nachweise

(1) Bei der Anmeldung hat die anmeldepflichtige Person zwei Lichtbilder abzugeben und folgende Angaben zu machen:

1. den Vor- und Nachnamen,

2. das Geburtsdatum und den Geburtsort,

3. die Staatsangehörigkeit,

4. die alleinige Wohnung oder Hauptwohnung im Sinne des Melderechts, hilfsweise eine Zustellanschrift und

5. die Länder oder Kommunen, in denen die Tätigkeit geplant ist.

(2) Bei der Anmeldung ist der Personalausweis, der Reisepass, ein Passersatz oder ein Ausweisersatz vorzulegen. Ausländische Staatsangehörige, die nicht freizügigkeitsberechtigt sind, haben bei der Anmeldung nachzuweisen, dass sie berechtigt sind, eine Beschäftigung oder eine selbständige Erwerbstätigkeit auszuüben.

(3) Bei der ersten Anmeldung ist der Nachweis einer innerhalb der vorangegangenen drei Monate erfolgten gesundheitlichen Beratung nach § 10 Absatz 1 vorzulegen. Der bei der ersten Anmeldung vorgelegte Nachweis gilt während der Gültigkeitsdauer der ersten Anmeldebescheinigung auch als Nachweis bei weiteren Anmeldungen, soweit sie nach § 3 Absatz 2 erforderlich sind. Die Verpflichtung zur gesundheitlichen Beratung nach § 10 Absatz 3 Satz 3 und 4 bleibt hiervon unberührt.

(4) Für eine Verlängerung der Anmeldung haben Prostituierte ab 21 Jahren Nachweise über die mindestens einmal jährlich erfolgten gesundheitlichen Beratungen nach § 10 Absatz 1 vorzulegen. Prostituierte unter 21 Jahren haben Nachweise über mindestens alle sechs Monate erfolgte gesundheitliche Beratungen vorzulegen.

(5) Die oder der Prostituierte hat Änderungen in den Verhältnissen nach Absatz 1 Nummer 1 und 3 bis 5 innerhalb von 14 Tagen der zuständigen Behörde anzuzeigen.

Bei der Anmeldung sind ein paar Unterlagen vorzulegen, insbesondere der Nachweis über die gesundheitliche Beratung – die
entsprechenden Vorschriften werden wir uns auch noch ansehen. Die Anmeldung muss auch regelmäßig verlängert werden,
und bei diesen Verlängerungen sind ebenfalls Nachweise über
die erfolgte Beratung vorzulegen. Als angemeldete Prostituierte
ist man vielleicht nicht immer sehr gut, aber zumindest sehr oft
beraten...

Die Änderung in den Verhältnissen wäre eine Änderung des
Namens (z.B. infolge von Eheschließung), Änderung der Adresse oder des aufenthaltsrechtlichen Status, aber auch Aufgabe
der Tätigkeit. Wie eine nebenberufliche Prostituierte, zwischen
deren einzelnen Dates durchaus mal Monate liegen können, die
Aufgabe der Tätigkeit innerhalb von 14 Tagen anzeigen soll, ist
nicht das Problem des Gesetzgebers.

§ 5 Anmeldebescheinigung; Gültigkeit

(1) Zum Nachweis über die erfolgte Anmeldung stellt die
zuständige Behörde der anmeldepflichtigen Person innerhalb von fünf Werktagen eine Anmeldebescheinigung aus.

(2) Die Anmeldebescheinigung darf nicht erteilt werden,
wenn

1. die nach § 4 erforderlichen Angaben und Nachweise nicht
vorliegen,

2. die Person unter 18 Jahre alt ist,

3. die Person als werdende Mutter bei der Anmeldung in
den letzten sechs Wochen vor der Entbindung steht,

4. die Person unter 21 Jahre alt ist und tatsächliche Anhaltspunkte dafür vorliegen, dass sie durch Dritte zur Aufnahme oder Fortsetzung der Prostitution veranlasst wird
oder werden soll, oder

5. tatsächliche Anhaltspunkte dafür vorliegen, dass die Person von Dritten durch Ausnutzung einer Zwangslage, ihrer Hilflosigkeit, die mit ihrem Aufenthalt in einem fremden Land verbunden ist, oder ihrer persönlichen oder wirtschaftlichen Abhängigkeit zur Prostitution veranlasst wird oder werden soll oder diese Person von Dritten ausgebeutet wird oder werden soll.

Im Regelfall muss die Behörde die Anmeldebescheinigung ausstellen, und zwar innerhalb von fünf Werktagen. In Abschnitt (2) sind ein paar Versagensgründe aufgelistet, zum Beispiel (jetzt nicht völlig unerwartet) wenn die Unterlagen nicht vollständig sind oder die betreffende Person noch nicht volljährig ist. Ebenso wird eine solche Anmeldebescheinigung auch nicht ausgestellt, wenn die Person erkennbar schwanger ist (in den letzten sechs Wochen vor der Entbindung müsste das die Behörde eigentlich erkennen).

Daneben ist die Anmeldebescheinigung auch zu versagen, wenn *tatsächliche Anhaltspunkte* vorliegen, dass hier ein Fall von Menschenhandel vorliegt. Die Behörde braucht das nicht vollständig im strafrechtlichen Sinn beweisen zu können, Indizien reichen (ob ein einzelnes Indiz reicht, muss noch die Rechtsprechung klären). §9 verpflichtet die Behörde dann, solche Fälle bei der Polizei oder Staatsanwaltschaft anzuzeigen.

(3) Die Anmeldebescheinigung ist örtlich unbeschränkt gültig, soweit die Länder keine abweichenden Regelungen zur räumlichen Geltung getroffen haben. In die Anmeldebescheinigung ist ein Hinweis auf die Möglichkeit abweichenden Landesrechts aufzunehmen.

(4) Die Anmeldebescheinigung gilt für anmeldepflichtige Personen ab 21 Jahren für zwei Jahre. Für anmeldepflichtige Personen unter 21 Jahren gilt die Anmeldebescheinigung für ein Jahr.

(5) Wird die Tätigkeit als Prostituierte oder als Prostituierter nach Ablauf der Gültigkeitsdauer fortgesetzt, so ist die Anmeldebescheinigung zu verlängern. Für eine Verlängerung der Anmeldebescheinigung haben Prostituierte ab 21 Jahren Nachweise über die mindestens einmal jährlich erfolgten gesundheitlichen Beratungen vorzulegen. Prostituierte unter 21 Jahren haben Nachweise über mindestens alle sechs Monate erfolgte gesundheitliche Beratungen vorzulegen. Im Übrigen gelten für die Verlängerung der Anmeldebescheinigung die Regelungen zur Anmeldung.

Die Anmeldebescheinigung hat nur eine begrenzte Gültigkeit von einem beziehungsweise zwei Jahren und muss dann verlängert werden. Voraussetzung für diese Verlängerung ist, dass auch der Nachweis über die gesundheitliche Beratung zur "Halbzeit" der Gültigkeitsdauer vorgelegt werden kann.

(6) Auf Wunsch der anmeldepflichtigen Person stellt ihr die Behörde zusätzlich eine pseudonymisierte Anmeldebescheinigung (Aliasbescheinigung) aus. Die Gültigkeitsdauer der Aliasbescheinigung entspricht der Gültigkeitsdauer der Anmeldebescheinigung. Soweit nichts anderes bestimmt ist, gelten für die Aliasbescheinigung die Regelungen für die Anmeldebescheinigung. Stellt die Behörde eine Aliasbescheinigung aus, so dokumentiert sie den Alias zusammen mit den personenbezogenen Daten und bewahrt eine Kopie der Aliasbescheinigung bei den Anmeldedaten auf.

In der Prostitution ist es üblich, dass man zum Schutz der Privatspähere während der Tätigkeit einen anderen Namen verwendet. Man kann sich eine zusätzliche Anmeldebescheinigung auf diesen so genannten Aliasnamen ausstellen lassen. Das eignet sich insbesondere dazu, die Privatsphäre gegenüber den Betreibern von Prostitutionsbetrieben zu wahren, den Kunden legt man ja üblicherweise keine Anmeldebescheinigung vor.

> (7) Die oder der Prostituierte hat bei der Ausübung der Tätigkeit die Anmeldebescheinigung oder die Alias-bescheinigung mitzuführen.

Das Problem bei dieser Bestimmung liegt nicht darin, dass sie während der Tätigkeit mitgeführt werden muss, sondern darin, dass sie ja davor und danach auch vorhanden ist. Und da gibt es tausende Möglichkeiten für blöde Situationen, in denen die Bescheinigung dann plötzlich in den Händen von Personen sein kann, die das gleich einmal gar nichts angeht. Zumindest gibt es kein Bußgeld dafür, wenn man die Anmeldebescheinigung oder die Aliasbescheinigung mal nicht dabei hat.

> **§ 6 Inhalt der Anmeldebescheinigung und der Alias-bescheinigung**
>
> (1) Die Anmeldebescheinigung enthält ein Lichtbild sowie die folgenden Angaben:
>
> 1. den Vor- und Nachnamen der Person,
>
> 2. das Geburtsdatum und den Geburtsort der Person,
>
> 3. die Staatsangehörigkeit der Person,
>
> 4. die bei der Anmeldung angegebenen Länder oder Kommunen,
>
> 5. die Gültigkeitsdauer und
>
> 6. die ausstellende Behörde.
>
> Das Lichtbild ist untrennbar mit der Anmeldebescheinigung zu verbinden.

(2) Die Aliasbescheinigung enthält ein Lichtbild sowie die folgenden Angaben:

1. den für die Prostitutionstätigkeit gewählten Alias,

2. das Geburtsdatum der Person,

3. die Staatsangehörigkeit der Person,

4. die bei der Anmeldung angegebenen Länder oder Kommunen,

5. die Gültigkeitsdauer und

6. die ausstellende Behörde.

Das Lichtbild ist untrennbar mit der Aliasbescheinigung zu verbinden.

(3) In einer Anmeldebescheinigung, die auf Grundlage einer nach § 5 Absatz 3 Satz 1 getroffenen landesrechtlichen Regelung ergeht, ist der räumliche Gültigkeitsbereich der Anmeldebescheinigung anzugeben.

Bei der Aliasbescheinigung wird also lediglich der bürgerliche Name gegen den Alisnamen ausgetauscht.

Informations- und Beratungsgespräch

Das Informations- und Beratungsgespräch bei der Anmeldung ist nicht zu verwechseln mit der regelmäßigen gsundheitlichen Beratung.

§ 7 Informationspflicht der Behörde; Informations- und Beratungsgespräch

(1) Bei der Anmeldung ist ein Informations- und Beratungsgespräch zu führen.

65

Ein Gespräch ist nach allgemeinem Verständnis ein Dialog, kein Monolog. Die Prostituierte muss sich also nicht einen Vortrag anhören, sondern der Behörde auch Fragen beantworten. Die Verweigerung der Mitwirkung kann zu einer Versagung der Anmeldebescheinigung führen.

(2) Das Informations- und Beratungsgespräch muss mindestens umfassen:

1. Grundinformationen zur Rechtslage nach diesem Gesetz, nach dem Prostitutionsgesetz sowie zu weiteren zur Ausübung der Prostitution relevanten Vorschriften, die im räumlichen Zuständigkeitsbereich der Behörde für die Prostitutionsausübung gelten,

2. Grundinformationen zur Absicherung im Krankheitsfall und zur sozialen Absicherung im Falle einer Beschäftigung,

3. Informationen zu gesundheitlichen und sozialen Beratungsangeboten einschließlich Beratungsangeboten zur Schwangerschaft,

4. Informationen zur Erreichbarkeit von Hilfe in Notsituationen und

5. Informationen über die bestehende Steuerpflicht der aufgenommenen Tätigkeit und die in diesem Zusammenhang zu erfüllenden umsatz- und ertragsteuerrechtlichen Pflichten.

Inhalt des Gesprächs sind also insbesondere die Hinweise auf die Beratungsangebote und auf die rechtlichen Pflichten (ProstSchG, Sperrgebietsverordnungen, Krankenversicherungspflicht, Steuerpflicht, Pflicht zur Führung eines Umsatzsteuerheftes...),

(3) Die zuständige Behörde stellt der oder dem Prostituierten während des Beratungsgesprächs Informationen zur Ausübung der Prostitution in geeigneter Form zur Verfügung. Die Informationen sollen in einer Sprache verfasst sein, die die oder der Prostituierte versteht.

Und weil man (mutmaßlich zutreffend) davon ausgeht, dass sich die ganzen Informationen die betreffenden Personen nicht merken werden können, gibt es alles noch mal schriftlich.

§ 8 Ausgestaltung des Informations- und Beratungsgesprächs

(1) Die persönliche Anmeldung und das Informations- und Beratungsgespräch sollen in einem vertraulichen Rahmen durchgeführt werden.

(2) Die zuständige Behörde kann mit Zustimmung der anmeldepflichtigen Person eine nach Landesrecht anerkannte Fachberatungsstelle für Prostituierte oder eine mit Aufgaben der gesundheitlichen Beratung betraute Stelle zu dem Informations- und Beratungsgespräch hinzuziehen. Dritte können mit Zustimmung der Behörde und der anmeldepflichtigen Person zum Gespräch hinzugezogen werden. Zum Zwecke der Sprachmittlung kann die Behörde Dritte auch ohne Zustimmung der anmeldepflichtigen Person hinzuziehen.

Der Sinn der Vertraulichkeit des Gespräches sind einerseits die Persönlichkeitsrechte der anmeldenden Person, auf der anderen Seite erhofft sich der Gesetzgeber, dass die betreffenden Personen in vertraulicher Atmosphäre äußern werden, von wem sie zur Prostitution veranlasst werden, um damit Zwangsprostitution zu bekämpfen.

67

Dahinter steht natürlich auch der politische Einfluss von Prostitutionsgegnern und deren Dogma, dass "keine Frau das freiwillig macht".

§ 9 Maßnahmen bei Beratungsbedarf

(1) Ergeben sich tatsächliche Anhaltspunkte dafür, dass bei einer oder einem Prostituierten Beratungsbedarf hinsichtlich der gesundheitlichen oder sozialen Situation besteht, so soll die zuständige Behörde auf die Angebote entsprechender Beratungsstellen hinweisen und nach Möglichkeit einen Kontakt vermitteln.

(2) Die zuständige Behörde hat unverzüglich die zum Schutz der Person erforderlichen Maßnahmen zu veranlassen, wenn sich tatsächliche Anhaltspunkte dafür ergeben, dass

1. eine Person unter 21 Jahre alt ist und durch Dritte zur Aufnahme oder Fortsetzung der Prostitution gebracht wird oder werden soll oder

2. eine Person von Dritten durch Ausnutzung einer Zwangslage, ihrer Hilflosigkeit, die mit ihrem Aufenthalt in einem fremden Land verbunden ist, oder ihrer persönlichen oder wirtschaftlichen Abhängigkeit zur Prostitution veranlasst wird oder werden soll oder diese Person von Dritten ausgebeutet wird oder werden soll.

Unter den erforderlichen Maßnahmen sind vor allem die Anzeige solcher Fälle bei Polizei oder Staatsanwaltschaft zu verstehen.

Gesundheitliche Beratung

Die gesundheitliche Beratung ist nicht zu verwechseln mit der früher verpflichtenden 14-tätigen (oder monatlichen) Zwangsuntersuchung der Prostituierten, sie ist aber auch verpflichtend.

68

§ 10 Gesundheitliche Beratung

(1) Für Personen, die als Prostituierte tätig sind oder eine solche Tätigkeit aufnehmen wollen, wird eine gesundheitliche Beratung durch eine für den Öffentlichen Gesundheitsdienst zuständige Behörde angeboten. Die Länder können bestimmen, dass eine andere Behörde für die Durchführung der gesundheitlichen Beratung zuständig ist.

Das Begriff "angeboten" ist schon ein wenig euphemistisch vor dem Hintergrund, dass der Nachweis über die gesundheitliche Beratung Voraussetzung für Erteilung beziehungsweise Verlängerung der Anmeldung ist.

(2) Die gesundheitliche Beratung erfolgt angepasst an die persönliche Lebenssituation der beratenen Person und soll insbesondere Fragen der Krankheitsverhütung, der Empfängnisregelung, der Schwangerschaft und der Risiken des Alkohol- und Drogengebrauchs einschließen. Die beratene Person ist auf die Vertraulichkeit der Beratung hinzuweisen und erhält Gelegenheit, eine etwaig bestehende Zwangslage oder Notlage zu offenbaren. Dritte können mit Zustimmung der Behörde und der anmeldepflichtigen Person zum Gespräch nur zum Zwecke der Sprachmittlung hinzugezogen werden.

Ob eine Mitwirkung der zu beratenden Person verpflichtend ist, geht aus den derzeit verfügbaren Kommentaren nicht hervor. Eine Analogie zu der Verpflichtung der Mitwirkung bei der Beratung im Zuge der Anmeldung liegt nahe. Auch Satz 1 von Absatz (2) legt diese Mitwirkungspflicht nahe.

(3) Personen, die eine Tätigkeit als Prostituierte oder als Prostituierter ausüben wollen, müssen vor der erstmaligen Anmeldung der Tätigkeit eine gesundheitliche Beratung wahrnehmen. Die gesundheitliche Beratung erfolgt bei der am Ort der Anmeldung für die Durchführung der gesundheitlichen Beratung nach Absatz 1 zuständigen Behörde. Nach der Anmeldung der Tätigkeit haben Prostituierte ab 21 Jahren die gesundheitliche Beratung mindestens alle zwölf Monate wahrzunehmen. Prostituierte unter 21 Jahren haben die gesundheitliche Beratung mindestens alle sechs Monate wahrzunehmen.

In der Regel erfolgen diese Beratungen bei den Gesundheitsämtern. Die Gebühren liegen (kommunal schwankend) in der Größenordnung von 50,- Euro, teilweise ist die gesundheitliche Beratung auch gebührenfrei.

(4) Die nach Absatz 1 zuständige Behörde stellt der beratenen Person eine Bescheinigung über die durchgeführte gesundheitliche Beratung aus. Auf der Bescheinigung müssen angegeben sein:

1. der Vor- und Nachname der beratenen Person,

2. das Geburtsdatum der beratenen Person,

3. die ausstellende Stelle und

4. das Datum der gesundheitlichen Beratung.

Die Bescheinigung kann auf Wunsch der beratenen Person auch auf den in einer gültigen Aliasbescheinigung nach § 6 Absatz 2 verwendeten Alias ausgestellt werden.

(5) Die Bescheinigung über die gesundheitliche Beratung gilt auch als Nachweis, soweit nach § 3 Absatz 2 weitere Anmeldungen erforderlich sind.

70

(6) Die oder der Prostituierte hat bei der Ausübung der Tätigkeit die Bescheinigung über die gesundheitliche Beratung mitzuführen.

Neben der Anmeldung ist auch die Bescheinigung über die gesundheitliche Beratung mitzuführen. Auch hier ist bei Zuwiderhandlung kein Bußgeld vorgesehen.

Anordnungen

Unter gewissen Voraussetzungen kann die Behörde konkrete Anordnungen erlassen. Teilweise werden schon für diese Anordnungen Gebühren fällig, zudem kann eine Zuwiderhandlung gegen solche Anordnungen mit einem Bußgeld bis zu 1000,- Euro geahndet werden.

§ 11 Anordnungen gegenüber Prostituierten

(1) Liegen der zuständigen Behörde tatsächliche Anhaltspunkte dafür vor, dass eine Person der Prostitution nachgeht, ohne diese Tätigkeit zuvor angemeldet zu haben, so fordert die zuständige Behörde die Person auf, ihre Tätigkeit als Prostituierte oder als Prostituierter innerhalb einer angemessenen Frist anzumelden und der zuständigen Behörde die Anmeldebescheinigung vorzulegen.

(2) Liegen der zuständigen Behörde tatsächliche Anhaltspunkte dafür vor, dass eine Person der Prostitution nachgeht, ohne die Pflicht zur gesundheitlichen Beratung wahrgenommen zu haben, so fordert die zuständige Behörde die Person auf, innerhalb einer angemessenen Frist die gesundheitliche Beratung wahrzunehmen und der zuständigen Behörde die Bescheinigung über die gesundheitliche Beratung vorzulegen.

Dabei ist zu beachten, dass manche Behörden für diese Aufforderung bereits Gebühren erheben, in Bayern z.b. bis zu 500,-Euro.

(3) Die zuständige Behörde kann gegenüber Prostituierten jederzeit Anordnungen zur Ausübung der Prostitution erteilen, soweit dies erforderlich ist

1. zum Schutz der Kundinnen und Kunden oder anderer Personen vor Gefahren für Leben, Freiheit, sexuelle Selbstbestimmung oder Gesundheit,

2. zum Schutz der Jugend oder

3. zur Abwehr anderer erheblicher Beeinträchtigungen oder Gefahren für sonstige Belange des öffentlichen Interesses, insbesondere zum Schutz von Anwohnerinnen und Anwohnern, von Anliegern oder der Allgemeinheit vor Lärmimmissionen, verhaltensbedingten oder sonstigen Belästigungen.

Beim Sugardating, auch wenn es unter das ProstSchG fallen sollte, sollte im Normalfall kein Erfordernis für solche Anordnungen bestehen.

(4) Die zuständige Behörde kann weitere Maßnahmen treffen, wenn

1. die oder der Prostituierte gegen Anordnungen nach Absatz 3 verstoßen hat und

2. die Erteilung von weiteren Anordnungen nach Absatz 3 zum Schutz der dort genannten Rechtsgüter nicht ausreichend wäre.

Weitere Maßnahmen könnten die teilweise oder vollständige Untersagung der Ausübung der Prostitution sein.

(5) Vorschriften und Anordnungen, die auf einer nach Artikel 297 des Einführungsgesetzes zum Strafgesetzbuch ergangenen Verordnung beruhen, sowie Maßnahmen nach dem Infektionsschutzgesetz bleiben unberührt.

Der Artikel 297 ist die Rechtsgrundlage zum Erlass von Sperrgebietsverordnungen. In der Regel ist es den Behörden egal, was in Privaträumen oder Hotelzimmern passiert. Manche Kommunen (z.B. München) versuchen aber auch hier, die Sperrgebietsverordnung durchzusetzen.

Kondompflicht und Werbeverbot

Die Kondompflicht sollten vor allem die Kunden kennen, weil sie mit einem Bußgeld von bis zu 50.000,- Euro geahndet werden kann.

§ 32 Kondompflicht; Werbeverbot

(1) Kunden und Kundinnen von Prostituierten sowie Prostituierte haben dafür Sorge zu tragen, dass beim Geschlechtsverkehr Kondome verwendet werden.

...

Unter Geschlechtsverkehr ist hier nicht nur vaginaler, sondern auch analer und oraler Verkehr zu verstehen.

Der Plural "Kondome" ist dahingehend irreführend, als dass jeweils nur ein Kondom zur Anwendung kommen soll (mehrere Kondome übereinander erhöhen nicht die Sicherheit, sondern reduzieren sie).

Im Gegensatz zu Formulierungen in Vorschriften zum Arbeits-schutz wurde hier der Terminus der *bestimmungsgemäßen Verwendung* nicht gebraucht. Vor dem Hintergrund des Schutzziels ist jedoch nicht davon auszugehen, dass der Gesetzgeber etwas anderes als eine bestimmungsgemäße Verwendung fordert.

Über die Verwendung vaginaler Kondome ("Femidom") schweigen sich Begründung und Kommentare aus. Da mit diesen jedoch das Schutzziel gleichermaßen erreichbar ist und gegen geschlechtsspezifische Regelungen durchgreifende Bedenken (Art 3 GG) bestehen, steht einer Verwendung nichts entgegen.

(3) Es ist verboten, durch Verbreiten von Schriften, Ton- oder Bildträgern, Datenspeichern, Abbildungen oder Darstellungen Gelegenheit zu sexuellen Dienstleistungen anzubieten, anzukündigen oder anzupreisen oder Erklärungen solchen Inhaltes bekannt zu geben

1. unter Hinweis auf die Gelegenheit zum Geschlechtsverkehr ohne Kondom, auch wenn der Hinweis in mittelbarer oder sprachlich verdeckter Form erfolgt,

2. in einer Weise, die nach Art der Darstellung, nach Inhalt oder Umfang oder nach Art des Trägermediums und seiner Verbreitung geeignet ist, schutzbedürftige Rechtsgüter der Allgemeinheit, insbesondere den Jugendschutz, konkret zu beeinträchtigen oder

3. unter Hinweis auf die Gelegenheit zum Geschlechtsverkehr mit Schwangeren, auch wenn der Hinweis in mittelbarer oder sprachlich verdeckter Form erfolgt.

Dem Verbreiten steht das öffentliche Ausstellen, Anschlagen, Vorführen oder das sonstige öffentliche Zugänglichmachen gleich.

Absatz 3 müssen nun vor allem Sugarbabes beachten. Da hier auch fahrlässiges Handeln mit einem Bußgeld bis zu 10.000,- Euro geahndet wird, muss man sehr darauf achten, was man so in seinen Profiltext schreibt (Chat-Nachrichten sind kein *öffentlich Zugänglichmachen* – sendet man stets oder sehr häufig denselben Text an unterschiedliche Chat-Partner, könnte das schon wieder anders gesehen werden).

Die folgenden Formulierungen sind als Hinweis auf Geschlechtsverkehr ohne Kondom gebräuchlich:

- Alles ohne (AO), Ohneservice

- Französisch ohne (FO) oder Französisch totel (FT)

- tabulos, ohne Tabu

- Girlfriendsex, GF6, wie mit einer echten Freundin

- Naturservice, naturgeil

- Spitzenservice, Service wird Dich begeistern...

- spermageil, ich will Deinen Saft

- reinspritzen

- mach mir ein Kind, ich will ein Kind von Dir, Du kannst mich schwängern...

- katholisch, strenggläubig, noch nicht konvertiert (Hintergrund dieser Formulierung ist die Position der katholischen Kirche zum Einsatz von Kondomen)

- so wie früher (Referenziert auf einen Liedtext von den Alpenrammlern – *so wie früher, früher, früher, ohne Gummiüberzieher...*)

Ebenso vermeidet man bitte ganz konsequent alles, was als Hinweis auf eine bestehende Schwangerschaft gedeutet werden könnte.

Ordnungswidrigkeiten

Die Zuwiderhandlung gegen Bestimmungen des ProstSchG ist in manchen Fällen eine Ordnungswidrigkeit und kann mit einem Bußgeld geahndet werden.

> **§ 33 Bußgeldvorschriften**
>
> (1) Ordnungswidrig handelt, wer
>
> 1. entgegen § 3 Absatz 1 eine dort genannte Tätigkeit nicht, nicht richtig, nicht vollständig oder nicht rechtzeitig anmeldet,
>
> 2. einer vollziehbaren Anordnung nach § 11 Absatz 1, 2 oder 3 zuwiderhandelt oder
>
> 3. entgegen § 32 Absatz 1 als Kunde oder Kundin nicht dafür Sorge trägt, dass ein Kondom verwendet wird.

Die Ordnungswidrigkeiten des Absatzes (1) erfordern Vorsatz, zumindest den Eventualvorsatz. Wenn man als Sugarbabe unter das ProstSchG fällt, aber nicht angemeldet ist, so sollte man die Behörde eigentlich davon überzeugen können, dass kein Vorsatz vorliegt; selbstverständlich geht das nur beim ersten Mal. Die Behörde wird dann zur Anmeldung auffordern, dafür gegebenenfalls eine Gebühr verlangen, und dieser sogenannten vollziehbaren Anordnung sollte man dann tunlichst nachkommen.

Auch wenn man es als Kunde mit dem "Sorge tragen" bei der Verwendung von Kondomen nicht so genau genommen hat, wird man möglicherweise den Vorsatz wegargumentieren können.

Apropos Kondompflicht: Der Gesetzgeber hat das hier so formuliert, dass nur Kundinnen und Kunden diese Ordnungswidrigkeit begehen können. Man sollte sich da als Sugarbabe nicht auf der sicheren Seite wähnen, denn nach § 14 OWiG können auch Beteiligte bestraft werden:

OWiG § 14 Beteiligung

(1) Beteiligen sich mehrere an einer Ordnungswidrigkeit, so handelt jeder von ihnen ordnungswidrig. Dies gilt auch dann, wenn besondere persönliche Merkmale (§ 9 Abs. 1), welche die Möglichkeit der Ahndung begründen, nur bei einem Beteiligten vorliegen.

...

Irrt der Kunde über die Eigenschaft als Prostituierte in der Hinsicht, dass er der Ansicht ist, die Betreffende wäre keine, dann liegt ein Irrtum nach § 11 (1) OWiG vor und der Kunde handelt nicht vorsätzlich; damit kann kein Bußgeld verhängt werden.

(2) Ordnungswidrig handelt, wer vorsätzlich oder fahrlässig

...

14. entgegen § 32 Absatz 3 Satz 1, auch in Verbindung mit Satz 2, eine sexuelle Dienstleistung anbietet, ankündigt oder anpreist oder eine dort genannte Erklärung bekannt gibt.

(3) Die Ordnungswidrigkeit kann in den Fällen des Absatzes 1 Nummer 3 mit einer Geldbuße bis zu fünfzigtausend Euro, in den Fällen des Absatzes 2 Nummer 1 bis 5, 7, 8 Buchstabe b und Nummer 14 mit einer Geldbuße bis zu zehntausend Euro, in den Fällen des Absatzes 2 Nummer 8 Buchstabe a und Nummer 9 bis 12 mit einer Geldbuße bis zu fünftausend Euro und in den übrigen Fällen mit einer

Die meisten Ordnungswidrigkeiten nach Absatz (2) sind nur für Betreiber von Prostitutionsbetrieben relevant, sie haben mit Sugardating nichts zu tun. Sehr relevant ist der Punkt 14, siehe dazu auch die Ausführungen im Kapitel Kondompflicht und Werbeverbot. Das ist deswegen sehr ernst zu nehmen, weil man die Ordnungswidrigkeiten nach Absatz (2) auch fahrlässig begehen kann, damit fällt auch der Irrtum nach §11 (1) weg.

Sugardating oder Prostitution

Wie wir auf den letzten Seiten gesehen haben, spielt es eine maßgebliche Rolle, ob eine Beziehung zwischen zwei Personen als Sugardating oder als Prostitution anzusehen ist. Auch für die steuerrechtliche Betrachtung ist das entscheidend.

Anhand der Kriterien aus der Literatur, insbesondere dem *Büttner*-Kommentar zum ProstSchG, wurde ein Fragenkatalog entwickelt, der zur Selbsteinschätzung herangezogen werden kann. Je nach Antwort gibt es einen Punktwert, diese Punkte aller Fragen sind stur zu addieren. Zu beachten ist dabei, dass viele Punktwerte negativ sind.

Je nach dem, wie diese Summe ausfällt, ist das ProstSchG anzuwenden oder nicht.

Dieser Fragenkatalog eignet sich nur für Sugardating-Beziehungen mit sexuellen Handlungen. Bei Sugardating-Beziehungen ohne sexuelle Handlungen kann definitionsgemäß keine Prostitution vorliegen. Ebenso gibt es keine Prostitution im Sinne des ProstSchG innerhalb einer Ehe oder eingetragenen Partnerschaft.

Kennenlernphase

1. Wird vor einem Kennenlerntreffen (also z.b. im Chat von mysugardaddy.de) bereits über Geld gesprochen?

▪ Ja: -8 Punkte

▪ Nein: 8 Punkte

2. Wird vor einem Kennenlerntreffen (also z.b. im Chat von mysugardaddy.de) bereits darüber gesprochen, welche sexuellen Handlungen möglich bzw. nicht möglich sind?

▪ Ja: - 5 Punkte

▪ Nein: 5 Punkte

3. Wird für ein Kennenlerntreffen vom Sugardaddy an das Sugarbabe Geld bezahlt? (Die Gastronomierechnung ist unerheblich)

▪ Ja: - 5 Punkte

▪ Ja, aber nur für Kosten, die dem Sugarbabe in dieser Höhe entstehen (Anfahrt, Babysitter): 0 Punkte

▪ Nein: 3 Punkte

4. Kommt es im direkten Anschluss an das Kennenlerntreffen zu sexuellen Handlungen?

▪ Ja: -5 Punkte

▪ Nein, erst an einem späteren Tag: 2 Punkte

▪ Nein, erst nach weiteren Treffen ohne sexuelle Handlungen: 5 Punkte

5. Welchen zeitlichen Anteil haben die Themen Geld und sexuelle Handlungen beim Kennenlerntreffen?

▪ Mehr als 40 %: -5 Punkte

▪ Zwischen 20 % und 40%: 0 Punkte

▪ Unter 20 %: 5 Punkte

Zuwendung

6. Hängt die Höhe der Zuwendung von der zeitlichen Dauer der Treffen ab (z.B. Staffelung nach Stunden)?

▪ Ja: -10 Punkte

▪ Nein: 2 Punkte

7. Erfolgt die Festlegung der Höhe der Zuwendung nach dem Prinzip "Angebot und Annahme" (das Subarbabe nennt "seinen" Preis, der Sugardaddy akzeptiert oder eben nicht), oder wird da eher die Höhe eines fairen Einkommensausgleichs besprochen?

▪ Eher "Angebot und Annahme": -5 Punkte

▪ Eher Besprechung eines fairen Einkommensausgleichs: 5 Punkte

▪ Weder noch: 0 Punkte

8. Wie erfolgt die Zuwendung?

▪ In Bargeld: -3 Punkte

▪ Übernahme von Kosten (Bezahlung der Miete, Shopping): 0 Punkte

▪ Nur Übernahme der Kosten gemeinsamer Unternehmungen (Restaurantrechnungen, Theater- oder Konzertbesuche, gemeinsame Reisen): 10 Punkte

Charakter der Beziehung

9. Welchen Anteil haben sexuelle Handlungen an der Gesamtzeit der gemeinsamen Treffen?

▪ Mehr als 50%: -5 Punkte

▪ Zwischen 25% und 50 %: 0 Punkte

▪ Unter 25%: 5 Punkte

80

10. Nach mindestens 6 Monaten Dauer der Beziehung: Kennen Sugarbabe und Sugardaddy gegenseitig die vollen bürgerlichen Namen (Also den üblichen Vornamen und den Nachnamen)?

- Nein: -8 Punkte

- Ja: 5 Punkte

11. Nach mindestens 6 Monaten Dauer der Beziehung: Kennen Sugarbabe und Sugardaddy gegenseitig die Postanschriften?

- Nein: -5 Punkte

- Ja: 5 Punkte

12. Nach mindestens 12 Monaten Dauer der Beziehung: Hat der Sugardaddy das Sugarbabe zumindest einem Teil seiner Familie vorgestellt?

- Nein: -5 Punkte

- Ja: 5 Punkte

13. Nach mindestens 12 Monaten Dauer der Beziehung: Hat das Sugarbabe dem Sugardaddy zumindest einem Teil seiner Familie vorgestellt?

- Nein: -5 Punkte

- Ja: 5 Punkte

14. Nach mindestens 12 Monaten Dauer der Beziehung: Wie oft haben Sugarbabe und Sugardaddy gemeinsam gekocht (Kuchen oder Plätzchen gebacken zählt auch)?

- Nie: -5 Punkte

- Einmal: 0 Punkte

- Mehr als einmal: 5 Punkte

15. Wohnen beide Beteiligten im selben Haus beziehungsweise in derselben Wohnung?

- Nein: 0 Punkte

- Ja: 12 Punkte

Auswertung

Die Punkte sind stur zu addieren. Bei Fragen, die (noch) nicht beantwortet werden können (z.b., weil sich die SB/SD-Beziehung noch in der Kennenlernphase befindet), werden keine Punkte angesetzt.

▪ -7 Punkte und weniger: Es handelt sich um Prostitution im Sinne des ProstSchG

▪ -6 bis 6 Punkte: Es ist fraglich, ob es sich im Prostitution im Sinne des ProstSchG handelt. Sofern die beteffende Person nicht besonders schutzbedürftig ist, ist für die zuständige Behörde keine Befassung mit der Sache geboten.

▪ 7 Punkte und mehr: Die SB/SD-Beziehung hat überwiegend den Charakter einer persönlichen Beziehung und ist damit keine Prostitution im Sinne des ProstSchG.

Webseiten

3

Sugarbabe und Sugardaddy finden sich heutzutage meist im Internet. Welche geeigneten Webseiten es im deutschsprachigen Raum dafür gibt, werden wir uns gleich mal ansehen.

Kontaktanzeigen

Für die Suche auf Kleinanzeigenmärkten lohnen sich derzeit allenfalls *markt.de* und *quoka.de*. Der Vorteil dieser beiden Kontaktanzeigenmärkte ist, dass sie kostenlos sind. Die Erfolgsquote reicht zwar nicht an *mysugardaddy.de* heran, aber da hier keine Kosten entstehen, kann man ja durchaus "zweigleisig fahren".

Auf markt.de suchen

Um auf *markt.de* zu suchen, gibt man den passenden Suchbegriff ein und wählt gegebenenfalls noch die Kategorie, den Standort und den Umkreis um den Standort.

Passende Suchbegriffe sind

- Sugardaddy

- Sugarbabe

- Sugar (für alle Komposita mit Leerzeichen)

und weniger gebräuchlich alles das, was vorgeschlagen wird, sobald man *sugar* als Suchbegriff eingibt. Daneben kann man noch nach *Sponsor* suchen.

Die Umkreissuche funktioniert eigentlich ganz ordentlich, liegt in Einzelfällen aber auch mal beherzt daneben...

Gut dressierter Hausdiener für die anspruchsvolle Dame!
Gnädige Frau, darf ich es wagen, Sie höflichst ansprechen?
Bitte erlauben Sie:
Ich bin Gerold, 52 Jahre, gebildet, niveauvoll, seriös, solvent und sehr brav erzogen. Daher mir meiner Rolle gegenüber...

90449 Nürnberg [32 km]
Gestern, 10:14
Fetisch allgemein

Lust auf Fesselspielchen und TG?
Stehst du auf große dominante Männer?

Wenn ja, dann schreib mir (M/39/191).

60320 Frankfurt (Main) [1 km]
27.08.2019
Er sucht Sie

Die Suche kann dann weiter verfeinert werden. Bezüglich der Kategorie ist das hilfreich, weil diese bei jeder Anzeige vorhanden ist, die anderen Filter-Möglichkeiten sind halt so gut, wie die Inserenten diese Daten eingeben.

(Am Rande bemerkt: Das Verhältnis von *Er sucht Sie* zu *Sie sucht Ihn* ist im Raum Frankfurt überdurchschnittlich hoch und liegt im bundesweiten Schnitt bei knapp 5.)

Die weit überwiegende Anzahl der *Sie sucht Ihn*-Profile stammt von profes-

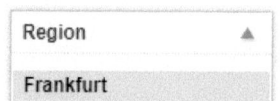

sionellen Sexarbeiterinnen. Echte Sugarbabes sind noch seltener als bei *mysugardaddy.de*, aber ab und an landet man als Sugardaddy auch einen Glückstreffer.

Von daher ist es nicht unüblich, dass die Sugardaddys inserieren und die Sugarbabes die Initiative ergreifen und auf diese Anzeigen antworten.

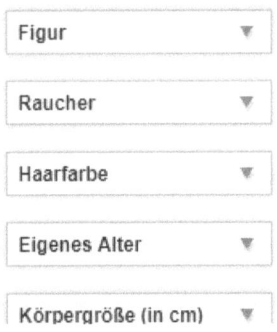

Auf markt.de inserieren

Um zu inserieren, klickt man auf *Anzeige aufgeben* und wählt zunächst einmal die Kategorie aus. Für Sugardaddys wäre das KONTAKTE|EROTIK|ER SUCHT SIE.

Das A und O bei einem solchen Inserat ist die Überschrift und der Text, und zwar insbesondere der Textanfang, da dieser in der Übersicht dargestellt wird. Hier gilt es, sich von den anderen Anzeigen abzuheben. Gewitzte Sugardaddys erstellen ein paar sehr unterschiedliche Anzeigentexte, um ein möglichst brei-

tes Spektrum anzusprechen (und auch die statistische Wahrscheinlichkeit von Zuschriften zu steigern). Dazu sind dann auch
mehrere E-Mail-Adressen erforderlich, weil in dieser Kategorie
pro E-Mail-Adresse nur zwei Anzeigen zugelassen sind.

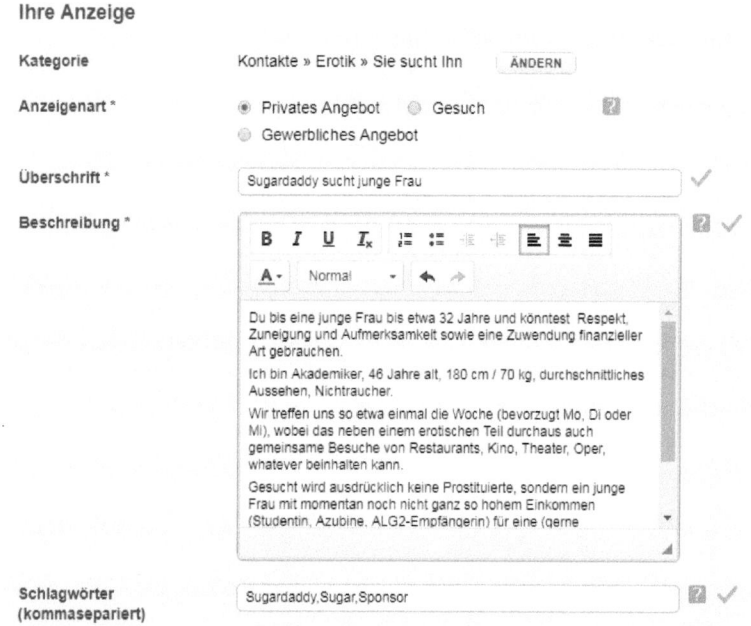

Zu den Formulierungen gibt es in Kapitel 4 beziehungsweise 5
dann noch Hinweise. Daneben gibt man noch die passenden
Schlagwörter ein, damit man besser gefunden wird.

Zusätzlich hat man noch die Möglichkeit, weitere Angaben zu
machen – nach diesen dann gezielt gefiltert werden kann.

Anschließend muss man – wie nicht anders zu erwarten – noch
den Nutzungsbestimmungen und der Datenschutzerklärung
zustimmen, anschließend kann man mit dem Button *Vorschau*
sich das mal ansehen oder mit dem Button *Anzeige ohne Vorschau aufgeben* gleich veröffentlichen.

Wenn man sich nicht als Benutzer registriert hat, dann bekommt
man noch eine E-Mail, deren Link man anklicken muss, anschlie-

▲ Optionale Angaben

Eigenes Alter	`46` ✓	
Figur	○ Schlank ○ Sportlich ● Normal ○ Mollig ✓	
	○ Keine Angabe	
Körpergröße (in cm)	`180` ✓	
Raucher	○ Ja ● Nein ○ Gelegentlich ○ Keine Angabe ✓	
Haarfarbe	`Brünett ▼` ✓	
Typ	● deutsch ✓	
	○ afrikanisch	
	○ indisch	
	○ Latino-südeuropäisch	
	○ nord-westeuropäisch	
	○ orientalisch	
	○ ostasiatisch	
	○ osteuropäisch	
	○ Keine Angabe	
Finanzielles Interesse	○ ja - FI ○ nein - KFI ◉ Finanzielles Angebot ✓	
	○ Keine Angabe	

ßend geht das noch durch eine Prüfung des Betreibers und wird dann veröffentlicht.

Da der Betreiber ja auch von etwas leben muss, gibt es dann noch etliche Möglichkeiten, zusätzliche (und dann kostenpflichtige) Leistungen zu buchen – notwendig ist das aber nicht.

Eine Sugardating-Anzeige muss nicht immer ganz oben stehen, da sie ja auch über die Suchbegriffe gefunden wird. Nach ein paar Wochen kommt dann eine Erinnerungsmail der Betreibers, die an die Anzeige erinnert – dann kann man sie eigentlich löschen und neu einstellen, damit sie wieder etwas aktueller ist und weiter oben dargestellt wird.

Auf die Anzeige kommen dann (hoffentlich) Zuschriften, auch solche, die überhaupt nicht zum Anzeigentext passen. Die gehen einfach an alle Anzeigen in der entsprechenden Rubrik und können bedenkenlos ignoriert und gelöscht werden. Bei allen anderen Zuschriften beginnt dann das übliche Procedere, siehe auch Kapitel 5.

quoka.de

Das Gesagte kann quasi 1:1 auf *quoka.de* übertragen werden –
allerdings sehen die Seiten leicht anders aus und die Eingabe-
und Filtermöglichkeiten unterscheiden sich leicht.

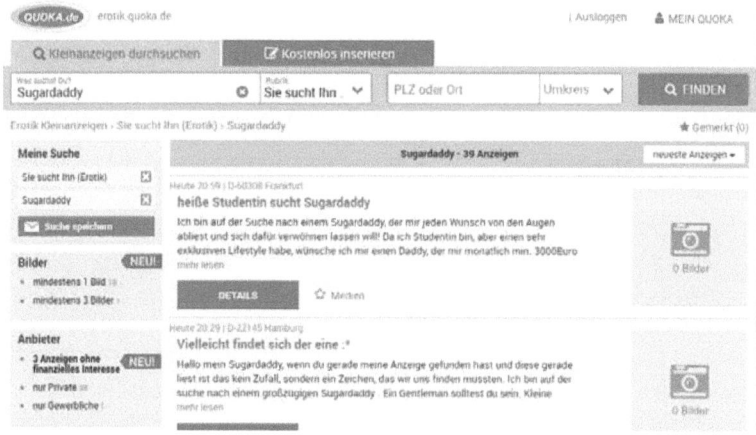

Insbesondere können bei *quoka.de* deutlich weniger Detail-
informationen eingegeben werden – die aber bei *markt.de* meist
auch nur sehr teilweise ausgefüllt werden.

MySugardaddy.de

Wer ernsthaft Sugardating betreiben möchte, kommt im deutsch-sprachigen Raum an *mysugardaddy.de* kaum vorbei. Das ist ein Stück weit bedauerlich, denn diese Seite ist erheblich von Fakes frequentiert und hat auch kein gutes Preis-Leistungs-Verhältnis. Sie hat jedoch auch keine ernst zu nehmende Konkurrenz.

Registrieren

Im Gegensatz zu den Kleinanzeigenmärkten ist die Anlage eines Profils
zwingend, um sich die anderen Profile ansehen zu können.

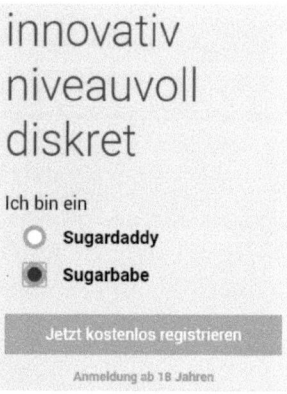

Wir wollen uns nun die Anlage eines
Profils aus Sicht eines Sugarbabes
ansehen – bei den Sugardaddys
erfolgt das ziemlich identisch.

Der erste Schritt ist die Entscheidung, ob man ein *Sugardaddy* oder
ein *Sugarbabe* ist – wir sind jetzt mal
eine *Sugarbabe*. Die grüne Fläche
mit *Jetzt kostenlos registrieren* ist
ein Button, auf den man dann klik-
ken muss. Am Rande: Die Registrierung ist auch für Sugardaddys
kostenlos – aber nutzen kann man
das dann nur, wenn man in Credits
investiert.

Die Registrierung kann mittels E-
Mail oder Facebook erfolgen.

Wir denken mal kurz darüber nach,
ob wir einer solchen Datenkrake wie
Facebook jetzt direkt mitteilen
wollen, dass wir uns als Sugarbabe
betätigen und registrieren uns per
E-Mail. (Am Rande: Im Idealfall
nutzt man kein Facebook – Schon
gar nicht auf den Geräten, die man
fürs Sugardating verwendet.)

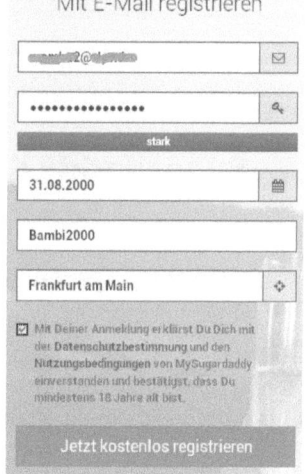

Wenn alles geklappt hat, bekommt man eine Anmeldebestätigung wie im folgenden Bild:

Deine Anmeldung

Deine Anmeldung ist bei uns eingegangen.
Du erhältst in Kürze eine E-Mail von uns. Schaue auch bitte in Deinem Spam-Ordner nach, falls Du die E-Mail nicht innerhalb der nächsten 2 Stunden von uns erhältst.

Hat es immer noch nicht funktioniert?
Dann kontaktiere unser Support Team.

Das Profil ausfüllen

Sobald man die besagte E-Mail erhalten hat, kann man sich anmelden.

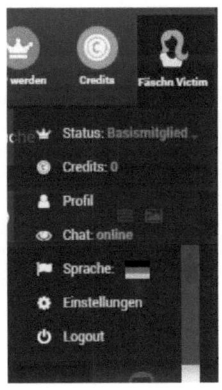

Die Seite von *mysugardaddy.de* bietet recht viele Möglichkeiten und ist von daher komplexer als die der vorhin vorgestellten Kleinanzeigenmärkte. Wir werden das uns nach und nach ansehen und zunächst einmal unser Profil ausfüllen.

Zu diesem Zweck klicken wir rechts oben auf den Benutzernamen – es öffnet sich ein Menü und wir wählen daraus *Profil*.

Die Aufmerksamen unter den Lesern werden am abweichenden Benutzernamen erkannt haben, dass ich gerade nicht auf die E-Mail warte, sondern mit dem Profil weitermache, das ich während der Recherche verwendet habe.

Wir beginnen damit, dass wir ein Foto hochladen. Es gibt drei Arten von Fotos, die hier hochgeladen werden können:

- Das normale Profil-Foto, das in den Übersichten angezeigt wird

91

- Die Album-Fotos, das sind weitere Fotos, die dem Benutzer angezeigt werden, wenn er auf das Profil geht.

- Die Fotos für das VIP-Album. Diese werden nur den so genannten VIP-Mitgliedern angezeigt, den anderen Nutzer werden sie „geblurt", also mit Weichzeichner angezeigt. Man kann auf diese Weise – so man möchte – den Plattform-Betreiber darin unterstützen, VIP-Mitgliedschaften zu verkaufen, indem man die interessanteren Fotos in das VIP-Album setzt.

Wir setzen jetzt überhaupt erst mal ein Profilbild rein.

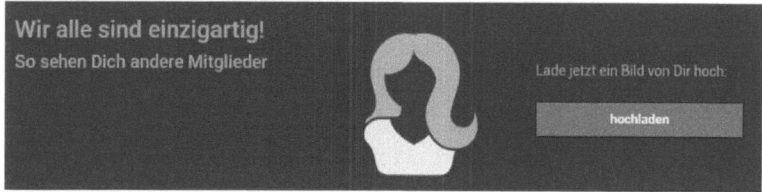

Nach dem Klick auf die Schaltfläche öffnet sich erst mal ein Dialog, mit dem man eine (Bild-) Datei auswählen kann, danach ein Dialog, mit dem sich der Bildausschnitt festlegen lässt:

Photo by Jorge Fakhouri Filho from Pexels

Profilbilder sind bei *mysugardaddy.de* stets quadratisch. Der Bildausschnitt sollte bei Portraitbildern (wie hier im Beispiel) so festgelegt werden, dass der Kopf horizontal mittig ist und die Augen auf der vertikalen oberen Drittel-Linie liegen. Der Bildausschnittdialog zeigt die vertikale obere Drittel-Linie als sehr dünne gestrichelt Linie an (was im Druck möglicherweise nicht mehr zu erkennen ist) und unterstützt dadurch bei der Positionierung. Danach zieht man den Bildausschnitt so groß, dass der Kopf zumindest nicht angeschnitten ist.

Nach dem Upload sind alle Bilder erst mal *in Bearbeitung*, werden also augenscheinlich manuell geprüft.

Der Editor für den so genannten *Flirttext* ist recht klein – den Text verfasst man besser in einem anderen Editor und kopiert ihn hier rein. Zumindest gibt es inzwischen Zeilenumbrüche, so dass man den Text in Absätze unterteilen kann.

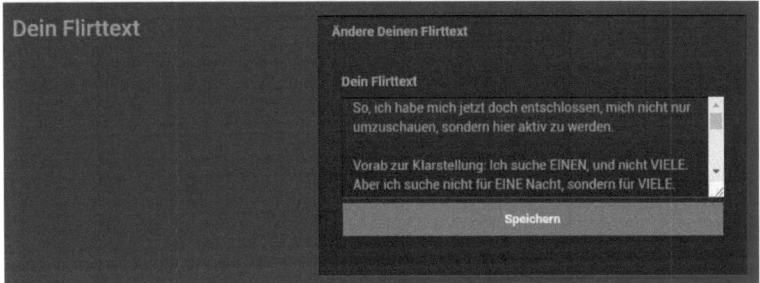

Die Texte werden nach dem Upload manuell geprüft, nicht dass da jemand direkt seine Telefonnummer rein schreibt und die Interessenten nicht mehr kostenpflichtig freischalten müssen.

93

Das hat dann auch zur Folge, dass nach jeder Änderung erst mal wieder *Leider hat das Mitglied noch keinen Flirttext eingegeben* steht. Von daher ändern gewitzte Mitglieder ihre Texte zu üblichen Geschäftszeiten und eher in der Mitte der Woche (also am Donnerstag oder Freitag), wenn üblicherweise etwas weniger los ist.

Damit die Umkreissuche funktioniert, müssen die Mitglieder angeben, wo sie herkommen:

Hier gibt man dann die Postleitzahl ein, das System zeigt dann einen Auswahldialog zur Vervollständigung an.

Wenn man auf dem Land wohnt, dann gibt man üblicherweise die nächst größere Stadt an, weil danach deutlich häufiger gesucht wird – ist dann aber bitte auch bereit, dort für ein Kennenlerntreffen hin zu fahren.

Unter der Rubrik *Wer bist Du?* können weitere Informationen eingegeben werden, dazu gibt es auch Hinweise in den Kapiteln vier und fünf.

Es scheint wohl so zu sein, dass *Kinder* bei einem Sugarbabe keine Pluspunkte bringen, so dass viele Mütter hier *keine* angeben – aber dann dennoch bei einem Kennenlerntreffen Geld für den Babysitter haben wollen. Manche Sugardaddys nehmen das dann als Indiz dafür, wie korrekt die anderen Angaben sein dürften...

Die wohl wichtigste Profilinformation dürfte *Was suchst Du bei uns?* sein. Wer das nicht ausfüllt, deklariert sein Profil explizit als *Nur mal Schauer* – wer dafür dennoch Credits investiert, soll sich dann auch nicht beschweren.

Die einzelnen Punkten werden in den Kapiteln vier und fünf ausführlich erläutert.

Dann lassen sich noch Optionen bezüglich *Freizeitbeschäftigung*, *Sport* und *Sprachen* auswählen – das ist selbsterklärend.

Niemand kommuniziert gerne mit Fakes. Daher gibt es den *Reality Check* und den *ID Check*, mit deren Hilfe solche Fakes bekämpft werden sollen. Diese Checks werden dann beim Profil mit angezeigt.

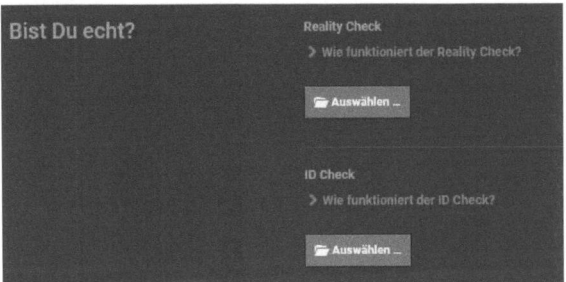

Das ist zumindest mal ein Schritt in die richtige Richtung, und mit dem vorher verwendeten, von Pexels heruntergeladenen Foto hätte ich mir bei beiden Checks recht schwer getan.

Zudem: Eine solche Verifizierung ist ein Indiz dafür, dass der Account etwas ernsthafter betrieben wird, der Anteil der Personen, die sich dann kurzzeitig wieder abmelden, ist geringer.

(Um das etwas zu konkretisieren, habe ich von meinem Sugardaddy-Account die letzten 100 freigeschalteten Profile ausgewertet: Von den inzwischen wieder gelöschten Profilen liegt der Anteil von Profilen mit Reality- oder ID-Check bei 12%, bei den bislang noch nicht gelöschten Profilen liegt der Anteil der Profile mit Reality- oder ID-Check bei 20%. Allerdings: Dort macht der überwiegende Teil der verifizierten Profile stark den Eindruck, von Sexarbeiterinnen betrieben zu werden.)

Sugardaddys haben zusätzlich noch die Möglichkeit, einen *Einkommens-Check* durchzuführen, indem sie Dokumente wie Steuererklärung oder Gehaltsabrechnung zur Verfügung stellen.

Profile suchen und kontaktieren

Die Suche wird hier aus der Perspektive des Sugardaddys beschrieben – echte Sugarbabes suchen nicht, sondern lassen sich finden, freischalten und kontaktieren.

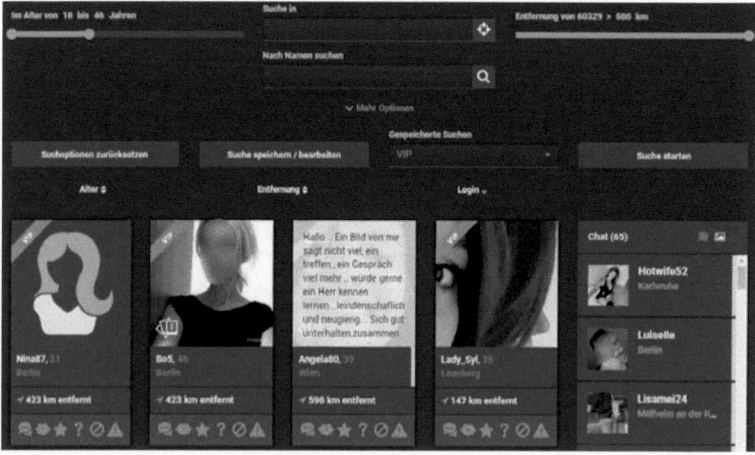

Für die Suche gibt es rechts oben einen entsprechenden Button. Im Regelfall wird man einfach mit einer gespeicherten Suche arbeiten (hier *VIP*). Dort hat man die verschiedenen Suchkriterien unter einem Namen gespeichert und kann sie so schnell wieder aufrufen.

(Hinweis: Die Weichzeichnungen sind von mir aus Gründen des Persönlichkeitsschutzes in die Screenshots eingefügt worden.)

Die Ergebnisse lassen sich nach *Alter*, *Entfernung* und *Login* sortieren. Da sich nach *Login* jedoch derzeit (noch) nicht filtern lässt, sind die anderen Sortierreihenfolgen eher witzlos, da dort dann vorne viele Profile erscheinen, die seit zumindest Monaten nicht mehr auf der Plattform waren und mit hoher Wahrscheinlichkeit auch nicht mehr kommen werden.

Bewegt man die Maus über ein Foto, erscheint dort der Anfang des Profltextes (wie hier im Bild links bei *Angela80*).

Direkt aus der Liste heraus kann man etliche Funktionen direkt aufrufen, zum Beispiel Fragen stellen, Küsschen schicken oder in den Chat wechseln.

Um eine gespeicherte Suche zu erstellen, stellt man sich erst mal die Filterkriterien zusammen:

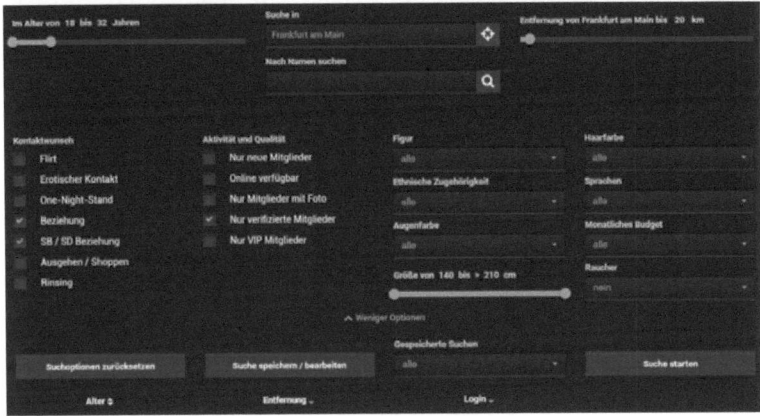

Die klassischen Filterkriterien sind *Alter* und *Umkreissuche*. Das älteste weibliche Profil ist derzeit 63 Jahre alt – für so manchen Sugardaddy ist dies das Alter seiner Mutter und dann doch nicht mehr so ganz das „Beuteschema", bei allem Respekt vor dem Alter.

Die Umkreissuche erfolgt über die Postleitzahl und lässt Verkehrsverbindungen unberücksichtigt.

Daneben kann man noch nach dem Namen suchen, wenn man ein bestimmtes Profil wieder kontaktieren möchte. Möchte man mehr Filteroptionen haben, klickt man auf *Mehr Optionen*, und hat dann eigentlich alles, was der Plattformentwickler sinnvoll umsetzen kann:

- Die (neben Alter und Wohnort) wichtigste Option könnte *Kontaktwunsch* sein – leider etwas verwässert dadurch, dass reine Rinsing-Profile oft alles Mögliche angeben, nur eben nicht *Rinsing*.

- Man kann gezielt nach *Nur neue Mitglieder* filtern und bekommt dann vor allem noch sehr unvollständig ausgefüllte Profile, die zu einem erheblichen Teil dann sich auch schnell wieder abmelden.

- Mit *Online verfügbar* filtert man auf die Mitglieder, die dann gerade eingeloggt sind – die Chance auf eine baldige Antwort ist dann höher.

- *Nur Mitglieder mit Foto* filtert die ohne Foto raus. Damit steigt der Anteil an Sexarbeiterinnen und Rinsing-Profilen, während der Anteil an echten Sugarbabes und „Nur-mal-Schauern" sinkt.

- Mit *Nur verifizierte Mitglieder* filtert man die raus, die weder einen *Reality Check* noch einen *ID Check* haben.

- *Nur VIP-Mitglieder* filtert auf eben diese. VIP-Mitglieder können andere VIP-Mitglieder ohne Credits kontaktieren.

Daneben lassen sich die anderen Kriterien filtern, aber leider nur mit Auswahlliste, so dass jeweils immer nur eine Option gewählt werden kann.

98

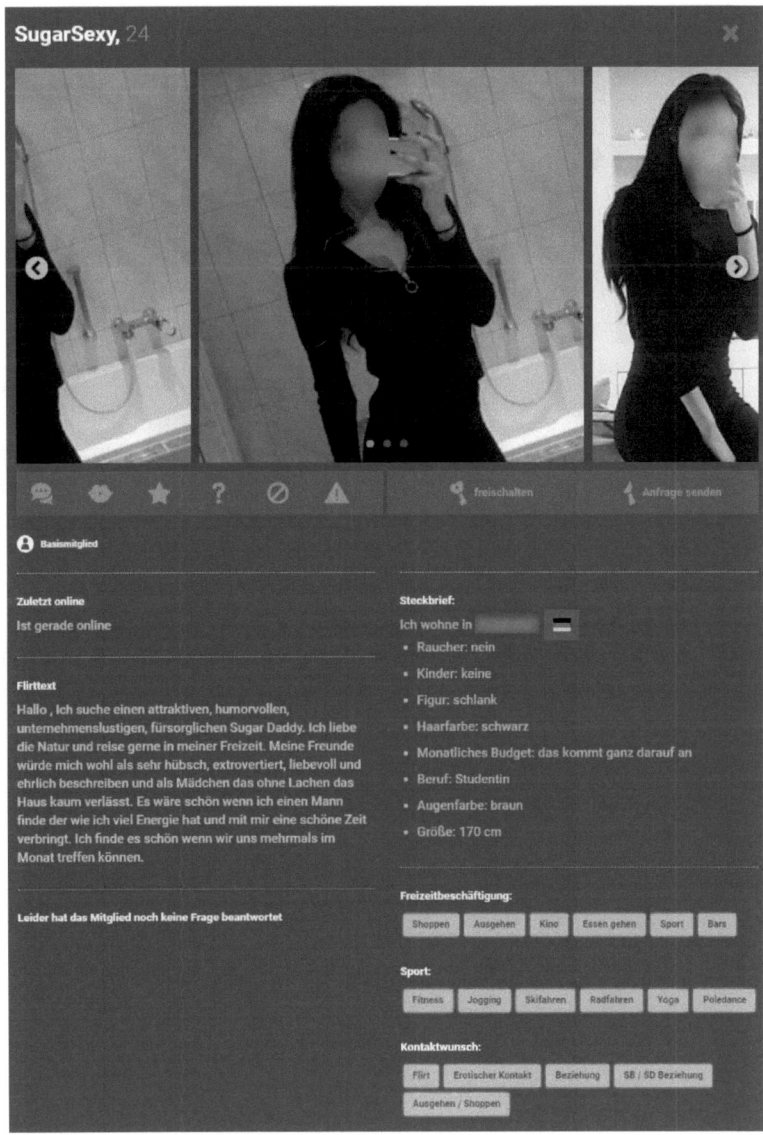

Mit einem Klick auf den Eintrag in der Ergebnisliste geht ein Fenster mit der Detailansicht des entsprechenden Profils auf. (Hinweis: Aus Gründen des Persönlichkeitsschutzes wurden die Gesichter und der Wohnort geblurt).

99

Das zunächst in der Mitte angezeigte Bild ist das Hauptprofilbild, mit den kleinen runden Pfeil-Buttons kann man durch die Bilder scrollen. Diese Art von Bildern, die vor einem Spiegel aufgenommen werden, sieht man relativ häufig: Das Handy verdeckt dabei ein Teil des Gesichtes, aber noch so wenig, dass man erkennen kann, dass die Betreffende (zumindest hier im Beispiel) eine ganz Hübsche ist.

Vom Profil her ist das geradezu prototypisch ein klassisches Sugarbabe (wobei sich manchmal auch Fakes, Sexarbeiterinnen und Rinsing-Profile ausgesprochen gut „tarnen"):

- Die Bilder „machen Lust" sind aber weit von „körperbetont" oder gar „vulgär" entfernt.

- Der Text geht in Richtung *suche eine Beziehung* und nicht *biete eine Dienstleistung an*. Die Themenbereiche *Geld* und *Sex* werden nicht mal gestreift.

- Bei *Kontaktwunsch* wird *SB/SD-Beziehung* mit *Beziehung* und *Erotischer Kontakt* „flankiert".

Direkt unter den Bildern sind einige Buttons, mit denen man nun die einzelnen Funktionen aufrufen kann:

- Mit der Sprechblase kommt man grunsätzlich in die Chat-Funktion, hier im konkreten Fall erst mal zur Freischaltung.

- Mit den Lippen sendet man ein Küsschen.

- Mit dem Stern setzt man ein Profil auf die Favoriten-Liste. Diese kann man ganz unterschiedlich verwenden. Ich verwende Sie dazu, um freigeschaltete Profile zu kennzeichnen (was jedoch leider in der Ergebnisliste derzeit recht „buggy" ist). Als Sugarbabe kann man das auch dazu verwenden, mal ganz subtil Interesse zu signalisieren, als Sugardaddy auch, um die Profile zu kennzeichnen, die man sich später noch mal genauer ansehen möchte.

- Mit dem Fragezeichen kann man eine Frage stellen, Details dazu in den Kapiteln vier und fünf. Leider sieht man nicht, welche Fragen man diesem Profil bereits gestellt hat und kann lediglich die Liste aller gestellten Fragen durchsuchen.

■ Mit dem „Parkverbots-Zeichen" lassen sich Profile blocken – also alles, woran man ohnehin kein Interesse hat, was einem aber auf die Nerven geht. Zum Beispiel die Profile, die einem ungefragt „knutschen" und/oder Freischaltungsanfragen schikken, aber aus einem anderen Land sind und noch nicht mal einen deutschen Profiltext haben.

■ Mit dem Warndreieck lassen sich Profile melden. Dafür hat der Betreiber eine ganze Reihe von Gründen vorgesehen, aus denen man auswählen kann. Die Angabe kann dann durch einen Freitext ergänzt werden.

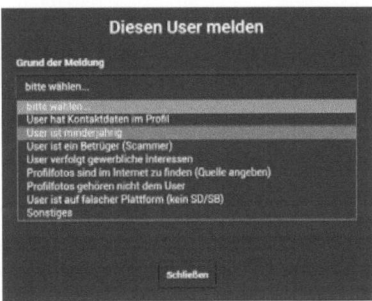

Ob man sich jetzt berufen fühlt, das Geschäftsmodell des Betreibers dadurch zu schützen, dass man Kontaktdaten im Profil meldet, bleibt jedem selbst überlassen.

Auf jeden Fall sollte man sofort melden, wenn sich erkennbar Minderjährige auf der Plattform aufhalten (z.B. Alter *18 Jahre* angegeben, aber im Profiltext steht, dass man jünger ist). Das dient nicht nur dem Jugendschutz, sondern schützt auch alle Beteiligten vor völlig unnötigem Ärger.

■ Mit den beiden Buttons rechts schaltet man den User frei oder schickt eine so genannte *Freischaltungsanfrage* (beziehungsweise schickt sie nicht – für Sugardaddys kommt das ohnehin nicht infrage, und auch echte Sugarbabes senden keine solche Freischaltungsanfrage: Wenn der Sugardaddy Interesse hat, wird er ohnehin selbst freischalten, wenn nicht, dann hat er ohnehin kein Interesse).

Credits

Der Betreiber der Plattform handelt mit Gewinnerzielungsabsicht (was ja völlig legitim ist) und finanziert sich durch den Verkauf von VIP-Mitgliedschaften und Credits. Dass die Preisgestaltung nicht von übermäßiger Zurückhaltung geprägt ist, ist jetzt unschön, aber wirkliche Alternativen sind nicht in Sicht.

Die Frage *VIP oder nicht* lässt sich recht einfach beantworten: Sucht man nicht (Gelegenheits-) Prostituierte (die man an anderer Stelle deutlich günstiger bekommen würde), sondern ein echtes Sugarbabe, dann muss man etwa 100 Profile freischalten, bis man fündig geworden ist. Ohne VIP-Status sind das 2000 Credits, also 300,- Euro.

Mit VIP-Status benötigt man für 100 Freischaltungen nur 500 Credits, dazu 3 Monate VIP-Status, das sind 165,- Euro (und ein paar weitere Benefits für den VIP-Status gibt es noch dazu):

Funktionen	Als VIP Mitglied	Als Basismitglied
Freischaltungskosten	5 Credits	20 Credits
Fragen stellen und beantworten	✓	✓
Profil anlegen	✓	✓
Bilder hochladen	✓	✓
Suchen/Filtern	✓	✓
Checks durchführen	✓	✓
Online Status verbergen	✓	✗
VIP Album sehen	✓	✗
Liste verschickter Küsse sehen	✓	✗
Liste besuchter Profile sehen	✓	✗
Liste "Wer favorisiert mich"	✓	✗
Erweiterter Support	✓	✗
Mehr als 2 Suchen speicherbar	✓	✗
50 Credits pro Monat geschenkt	✓	✗
Chatten	✓	✗

Zu den 165,- Euro für *mysugardaddy.de* kommen dann noch etwa 10 Restaurant-Rechnungen für Kennenlerntreffen dazu, wenn man da etwas budgetorientiert vorgeht, ist man da mit vielleicht 800,- Euro dabei, so dass man für das Finden eines echten (und passenden) Sugarbabes grob 1000,- Euro Kosten kalkulieren kann. Ein billiges Hobby ist das nicht...

Auf Anfragen antworten

Betrachten wir die Sache nun wieder aus der Warte eines Sugar-babes: Wenn man sich nach einer Weile wieder anmeldet, dann dürfte die Seite oben wie folgt aussehen:

Besucher kann man sich ansehen, wenn man Langeweile hat. Wer interessiert ist, wird irgendetwas unternehmen, die anderen sind nicht interessiert.

Bei reinkommenden Küsschen und Fragen kann man sich das Profil ansehen und dann geeignet reagieren (oder eben nicht), Details siehe Kapitel 4.

Im Chat findet man die Nachrichten, die nach einer Freischaltung geschrieben werden können.

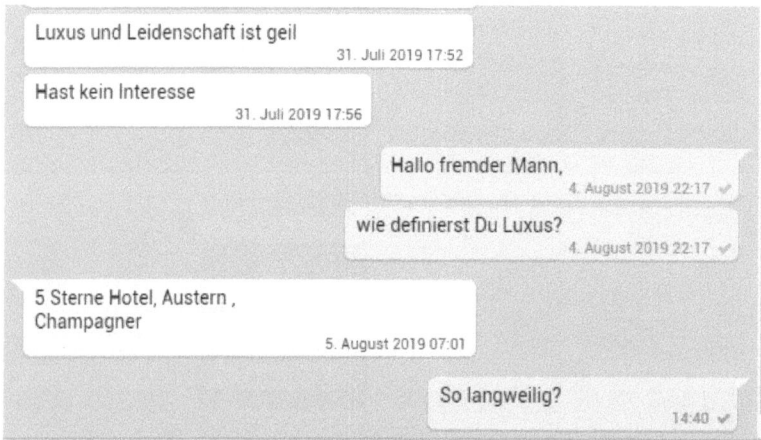

Zum Chat braucht es nicht viele Worte. Vielleicht noch den Hinweis: Rechts an den versendeten Nachrichten gibt es kleine Häkchen in den Farben grau und blau. Ist das Häkchen grau, wurde die Nachricht zugestellt, ist es blau, dann wurde sie gelesen (also zumindest geöffnet, damit sie gelesen werden kann).

mysgardaddy.de App

Für mysugardaddy.de gibt es auch eine App fürs Smartphone, die weitgehend dieselben Funktionen bietet wie die Webseite. Die eben erwähnten grauen und blauen Häkchen gibt es da (derzeit) nicht.

Dafür gibt es eine Funktion, die möglicherweise für Sugardaddys interessant sein könnte: In der Liste der freigeschalteten Profile finden sich ja recht schnell Profile, die gelöscht oder deaktiviert wurden. In der App kommt man da dann zwar nicht mehr in den Chat (um zum Beispiel eine gesendete Telefonnummer zu sehen), aber zumindestens noch in das Profil, um so ein wenig die Über-sicht zu behalten, wer denn jetzt schon wieder gegangen ist.

www.sugar-forum.de

Das Sugar-Forum ist eine Initiative von mir, damit die Beteiligten
Informationen austauschen können.

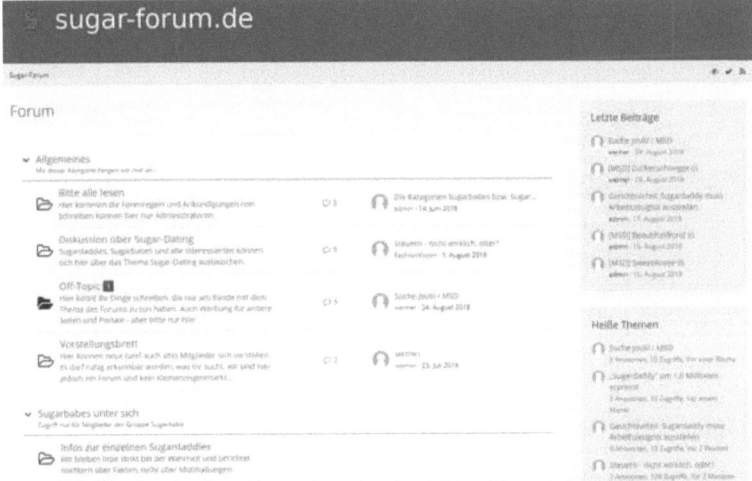

Es handelt sich um ein ganz gewöhnliches Internet-Diskussions-
forum auf einer handelsüblichen Forensoftware.

Zur meiner Motivation habe ich bereits im ersten Beitrag etwas
geschrieben:

> Es reicht.
>
> Der Tropfen, der das Fass zum Überlaufen brachte, war
> *lisaleonie1927*. Wer hinter diesem Account steckt, weiß ich nicht.
> Dass es die abgebildete Person ist, ist durchaus möglich, aber ich
> halte es für nicht sonderlich wahrscheinlich. Auf jeden Fall wollte
> diese Person eine Anzahlung haben. Vor dem ersten Date. Über
> PayPal. Nein, nicht bar am Anfang des Dates, vorab über PayPal.

Dass es nach einer solchen Anzahlung wirklich zu einem Treffen gekommen wäre, ist durchaus möglich, aber ich halte es wiederum für nicht besonders wahrscheinlich. So naiv, einfach mal irgendwo Geld hin zu schicken, bin noch nicht mal ich. Noch nicht mal, wenn die abgebildete Person durchaus direkt in mein Beuteschema fällt – Bilder von hübschen Frauen gibt es im Netz wie Sand am Meer.

Es ist also kein Schaden entstanden. Abgesehen von den paar Credits und ein paar Minuten Zeit. Aber es braucht ja nur einen kleinen Tropfen, um das Fass zum Überlaufen zu bringen.

Gefüllt wurde das Fass schon lange. Von Accounts (welches Geschlecht die dahinter stehende Person hat, entzieht sich ja üblicherweise der Kenntnis), die es noch nicht mal schaffen, ein Date abzusagen, wenn sie nicht können oder wollen. Von Prostituierten, die auf einschlägigen Portalen Zweitvermarktung betreiben. Ich habe nichts gegen Prostituierte, aber die bekommt man anderswo schneller, günstiger, unkomplizierter und zuverlässiger. Ohne, dass man sie mit Credits freischalten muss.

Ich bin ein Macher. Lange sich aufzuregen ist meine Sache nicht. Also habe ich dieses Forum eingerichtet. Damit sich echte Sugarbabes und Sugardaddys vernetzen können. Damit vor Fakes und Abzockern, vor Blendern und anderen weniger wünschenswerten Zeitgenossinnen und Zeitgenossen gewarnt werden kann. Aber auch, damit Interessierte eine Anlaufstelle haben, bei der sie aus unterschiedlichen Perspektiven beraten werden und nicht nur die Hochglanz-Heile-Welt interessierter Plattformbetreiber gezeigt bekommen.

Dies ist mein Angebot an Euch. Ohne Mitgliedsbeiträge, Credits, Platin-Mitgliedschaft. Nutzt es oder lasst es.

Hinweise für Sugarbabes

4

Dieses Kapitel richtet sich an die Sugarbabes. Die *Hinweise für Sugardaddys* folgen im nächsten Kapitel.

Einstieg

Es ist ein trivialer Ratschlag, dass man sich besser vorher als hinterher Gedanken macht. Mit den folgenden Ausführungen sollen potentielle Sugarbabes bei ihrer Entscheidung bezüglich *ob* und *wie* unterstützt werden.

Voraussetzungen

Streng genommen gibt es nur eine Voraussetzung, und das ist die Volljährigkeit. Solange man noch keine 18 Jahre alt ist, ist man auch nur beschränkt geschäftsfähig, somit sind alle geschlossenen Verträge bis zur Zustimmung der Erziehungsberechtigten *schwebend unwirksam*. Ganz abgesehen davon würde man seinen Sugardaddy in rechtliche Schwierigkeiten bringen, zumindest dann, wenn es zu sexuellen Handlungen kommt.

Von daher die klare Empfehlung an noch minderjährige Leserinnen und Leser, entsprechende Vorhaben bis zur Volljährigkeit aufzuschieben. (Man kann sich ja schon mal informieren. Und alles unterlassen, was den eigenen „Marktwert" reduziert, zum Beispiel Piercings im Gesicht.)

Sehr hilfreich ist es zudem, wenn man eine Frau ist. Es gibt auch männliche Sugarbabes (dann meist Sugarboy genannt), die entsprechende homo- oder heterosexuelle Beziehungen eingehen, aber der Markt ist klein.

Überschätzt werden üblicherweise die optischen Voraussetzungen. Dieser erleichtern es zwar sehr, einkommensstarke oder anderweitig attraktive Sugardaddys zu binden, aber die Erfahrung zeigt, dass auch weniger attraktive Frauen einen Sugardaddy finden (zumindest, solange die eigenen Ansprüche nicht zu hoch sind). Ohnehin sind die Schönheitsideale (und auch die „Kompromisslinien") der Sugardaddys nicht einheitlich, und so mancher optischen Makel kann durch andere Vorzüge kompensiert werden.

Und dann sollte man auch noch am Sex mit einem deutlich älteren Mann Gefallen finden. Ja, es gibt auch entsprechende Beziehungen ohne erotische Komponente. Ja, es gibt auch recht junge Sugardaddys. Aber reden wir mal nicht drum herum: Wer sich kein Sex mit einer Person älter als 40 Jahre vorstellen kann, wird es nicht einfach haben.

Die Entscheidung

Angenommen, die eben genannten Voraussetzungen liegen vor und es besteht der Wunsch nach materiellen Zuwendungen. Dann ist zunächst einmal eine grundsätzliche Entscheidungen zu treffen, die sich nicht in einem simplen *ja* oder *nein* erschöpft. Genau genommen bieten sich einige grundsätzliche Optionen an:

- Die klassische SB/SD-Beziehung, also Schwerpunktsetzung auf persönliche Zuneigung, nicht auf den finanziellen Zugewinn.

- Die klassische Beziehung zu einem finanziell gut gestellten Partner. Bei dieser Variante gibt es keine direkten finanziellen Zuwendungen, aber der Partner übernimmt die Kosten für die gemeinsame Freizeitgestaltung (z.B. Reisen) oder macht auch mal ein Geschenk.

■ Eine SB/SD-Beziehung ohne sexuelle Handlungen. Das gibt es, aber nicht viele Sugardaddys suchen diese Variante.

■ Die klassische Gelegenheitsprostitution, bei welcher der finanzielle Zugewinn im Vordergrund steht, aber persönliche Zuneigung und/oder Lustgewinn auch ein Kriterium sind. (Sobald derlei Kriterien keine Rolle mehr spielen, handelt es sich um professionelle Sexarbeit.)

■ Klassische Begleittätigkeit, primär für allein reisende Geschäftsleute, mit denen man primär Abends gemeinsam schick essen geht. Im Gegensatz zur (Gelegenheits-) Prostitution sind dabei sexuellen Handlungen erst mal nicht vorgesehen.

Selbstverständlich können auch mehrere Optionen gewählt werden, so wie man diese Optionen im Laufe der Zeit auch wechseln kann.

Was eignet sich für den Einstieg? Das hängt nicht nur von den persönlichen Vorlieben und Voraussetzungen ab, sondern möglicherweise auch vom Faktor Zeit: Bei etlichen Sugarbabes hat ein akutes finanzielles Problem zum Einstieg geführt. (Die Mehrheit hat eine solche Tätigkeit jedoch fortgesetzt, als das finanzielle Problem behoben war.)

Um dennoch Hinweise zu geben: Auch Gelegenheitsprostitution unterliegt der Anmeldepflicht nach ProstSchG, zudem unterliegen die Einnahmen der ganz normalen Besteuerung. Das eignet sich weniger, um das einfach mal auszuprobieren. Klassische Begleittätigkeit setzt nicht nur ein kommunikatives Wesen voraus, die Kunden suchen meist auch in gewisses intellektuelles Niveau und ein vorzeigbares Erscheinungsbild, sowohl bezüglich der Kleidung als auch bezüglich der Person. Sofern diese Voraussetzungen vorliegen, spricht nichts dagegen.

Für wen Sex mit einem deutlich älteren Partner eine Option ist, für den bietet sich die klassische SD/SB-Beziehung an. Wer diesbezüglich Vorbehalte hat, mag versuchen, eine solche Beziehung ohne sexuelle Komponente zu finden. Es besteht natürlich auch die Option, parallel nach beidem zu suchen.

Das Profil

Bei *mysugardaddy.de* schalten üblicherweise die Sugardaddys die Sugarbabes frei, so dass letztere diese Seite kostenfrei nutzen können. Der Standardweg wird also sein, über ein Profil bei *mysugardaddy.de* zu suchen.

Die Grundstrategie

Bezüglich des Profils gibt es zwei Grundstrategien: Allgemein und spezifisch:

Allgemeine Profile sind so gehalten, dass kein erkennbarer Anlass besteht, nicht zu kontaktieren. Keine persönlichen Vorlieben, keine Erwartungen, kaum Informationen. Das Ziel ist, möglichst viele Zuschriften zu bekommen, um dann auszuwählen.

Spezifische Profile richten sich erkennbar nur an einen Teil der Sugardaddys. Wer ohnehin nicht infrage kommt, soll gleich gar nicht erst kontaktieren. Auf die Spitze getrieben wäre das Ziel, nur eine einzige Zuschrift zu bekommen, und zwar von dem Sugardaddy, der ideal passt.

Welche Strategie die sinnvollere ist, hängt vom Ziel ab. Wer eher Gelegenheitsprostitution betreibt, dürfte an vielen Zuschriften interessiert sein, größere Anforderungen jenseits eines angestrebten Betrags gibt es meist ohnehin nicht. Wird eine klassische SB/SD-Beziehung angestrebt, dann kann man sich viel Zeit und Nerven sparen, wenn man gleich im Profil darlegt, was man sucht.

Zudem: Richtige Sugardaddys schalten oft allgemeine Profile weniger gerne frei, weil sie dahinter Sexarbeiterinnen, Fakes oder Rinsing-Profile vermuten.

Der Profilname

Der ideale Profilname dürfte längst belegt sein, es bleiben Kompromisse:

Klassiker ist die Kombination eines weiblichen Vornamen (der nicht der eigene sein muss, Diskretion und so...) und einer Zahl, häufig des Geburtsjahres oder dem Alter bei der Anmeldung (was spätestens nach einem Jahr veraltet ist). Denkbar sind auch Kombinationen mit dem Städtenamen (*Nataly_FFM, BrigitteBln, SvenjaMuc*)

Möglich sind auch deskriptive Namen wie *ItalianBabe* oder *BlueEyesGirl*, ohnehin scheinen Anglizismen in zu sein.

Mit dem Profilnamen können hohe Erwartungen bezüglich der Zuwendung geweckt werden (*TheOneAndOnly, ExclusiveCarmen, FerventPrincess, ...*). Man sollte sich gut überlegen, ob man sich damit nicht unnötig das Leben schwer macht, da die Sugardaddys dahinter übertriebene Preisvorstellungen vermuten und eher Abstand nehmen.

Mit Namensbestandteilen wie *Sex(y), Hot, XXX* oder *Porn* werben eher Sexarbeiterinnen, wenn man damit nicht in eine Schublade gesteckt werden möchte, lässt man das lieber sein.

Transsexuelle weisen mit einem Namensbestandteil *TS* auf diesen Umstand hin, alle anderen vermeiden das besser.

Lange Profilnamen verhindern bei *mysugardaddy.de*, dass in der Übersicht noch das Alter zu erkennen ist. Personen unter 30 Jahren würde ich deshalb generell von langen Profilnamen abraten.

Die Fotos

Die Frage ist nicht, ob man ein Foto dort rein stellt, sondern welche. Die Filtermöglichkeiten erlauben es den suchenden Sugardaddys, Profile ohne Fotos auszuschließen, gerade die großzügigeren Sugardaddys (die wegen ihrer Großzügigkeit weniger Schwierigkeiten bei der Suche haben) nutzen diese Möglichkeit, so dass das eigene Profil gar nicht erst gefunden wird. Mit dem Bild einer Katze hat man immer noch bessere Chancen als ohne Bild.

Für klassische Sugarbabes bieten sich Portraitfotos und Ganzkörperfotos in bekleidetem Zustand an. Mit dem Verzicht auf erotische Bilder kann man sich von der Prostitution abgrenzen.

Umgekehrt lässt sich mit entsprechend körperbetonten Bildern signalisieren, dass man hier unkompliziert Sex haben kann. Solche Bilder werden deshalb vor allem von Sexarbeiterinnen eingesetzt. Von einer Mischung würde ich eher abraten. Sucht man sowohl eine klassische SB/SD-Beziehung als auch sexuelle Abenteuer, dann dürfte die Anlage von zwei verschiedenen Profilen das Mittel der Wahl sein.

Sugardating ist gesellschaftlich noch nicht so akzeptiert, wie es sein sollte, und wird bisweilen mit Prostitution „in einen Topf geworfen", die noch weniger angesehen ist. Je nach beruflicher Position sowie der Einstellung von Familie und Freundeskreis möchte man da möglicherweise keine Bilder online stellen, auf denen man erkannt wird. Hier sind folgende Möglichkeiten gebräuchlich:

- Es können Bilder verwendet werden, bei denen der Kopf abgeschnitten ist. Das erweckt ein wenig den Eindruck, als ob man auf seinen Körper reduziert werden möchte. Zumindest klassischen Sugarbabes würde ich dazu nicht raten, es gibt da bessere Möglichkeiten.

- Üblich sind auch Bilder von hinten. Was klassische Sugarbabes vermeiden sollten sind Fotos, bei denen man nur den Kopf wegdreht – mit solchen Bildern wird häufig für Sexarbeiterinnen geworben, davon sollte man sich abgrenzen.

- Da die Bilder ansprechend sein sollen, ist auch von einem *schwarzen Balken* über dem Gesicht abzuraten. Besser ist, das Gesicht (mäßig) zu verpixeln oder weichzuzeichnen. Mit

GIMP gibt es ein kostenloses OpenSource-Grafikprogramm, mit dem solche Bearbeitungen schnell und unproblematisch durchgeführt werden können. Alternativ bittet man jemand aus dem Bekanntenkreis, der mehr computeraffin ist.

▪ Mit dem eben erwähnten Programm GIMP kann man aus einem Foto ein Bild in der Art einer Bleistiftzeichnung machen (Anleitung findet man im Netz). Solche Bilder sehen dann immer noch ansprechend genug aus, man ist dann aber nicht mehr zweifelsfrei darauf erkennbar. (Denkbar wäre natürlich auch, in der nächsten Fußgängerzone einen Portraitzeichner zu beauftragen.)

▪ Gerne genommen sind auch nichtssagende Bilder (damit überhaupt ein Bild im Profil ist) kombiniert mit der Aussage, dass es Bilder auf Anfrage gibt. Dann kann man schauen, wer da anfragt, ob man den kennt, ob der überhaupt infrage kommt, und damit den Personenkreis deutlich reduzieren. Allerdings bekommt man so deutlich weniger Anfragen als mit aussagekräftigen Bildern.

Die ideale Zahl der Bilder ist zwei bis drei. Mit mehr Bildern steigt das Risiko, dass der betrachtende Sugardaddy ein Bild nicht so toll findet und daher nicht kontaktiert. Mit nur einem Bild wird der Verdacht befördert, dass man nur ein einziges vorteilhaftes Bild von sich gefunden hat. Bei drei Bildern könnte man ein Portraitfoto, sowie je ein Bild in schicker und in legerer Kleidung mischen.

Die Bilder sollten zumindest halbwegs aktuell sein, zumindest den aktuellen Zustand zeigen (z.B. bezüglich Piercings im Gesicht, andernfalls sollte das im Profiltext klargestellt werden).

Im Marketing gibt es die Weisheit, dass *der Wurm dem Fisch schmecken muss, nicht dem Angler*. Die Bilder sollten also den gesuchten Sugardaddys gefallen, sie müssen nicht unbedingt die persönlichen Lieblingsfotos sein. Um heraus zu finden, welche Bilder ankommen, schickt man einfach den ersten Interessenten ein paar Bilder zur Auswahl und fragt sie nach ihrer Mei-

113

nung (man muss ja nicht deutlich darauf hinweisen, dass die Antworten dem Auswahl der Profilbilder dienen...).

Von größerer Retusche der Fotos rate ich ab. So etwas fällt dann beim ersten persönlichen Treffen auf, und zwar nicht positiv.

Die Profilinformationen

Neben dem Profiltext gibt es noch viele weitere Profilinformationen, nach denen teilweise auch gefiltert werden kann. Vieles davon ist selbsterklärend.

- *Geburtstag* wird nicht direkt angezeigt, es wird daraus das aktuell angezeigte Alter berechnet. Der Geburtstag wird jedoch verschiedentlich verwendet, um am Telefon oder im Internet die Person zu verifizieren. Das eingegebene Datum kennt jedoch nicht nur der Betreiber, sondern es lässt sich recht einfach ein Crawler programmieren, der das Geburtsdatum aus dem Wechsel des angezeigten Alters ermittelt. Von daher kann man das auch sicherheitshalber um ein paar Tage abweichend eingeben.

- Ist man selbst Nichtraucher, dann gibt man das auch ein – ansonsten je nach persönlicher Vorliebe.

- Schlanke Personen, die aber nicht ihr persönliches Zielgewicht haben, geben trotzdem *schlank* und nicht *ein paar Kilo zu viel* ein.

- Als klassisches Sugarbabe gibt man unter *monatliches Budget* stets *das kommt ganz darauf an* ein und kommuniziert seine Vorstellungen im Laufe eines Kennenlerntreffens.

Sexarbeiterinnen können mit der Auswahl einer konkreten Angabe einen kleinen Hinweis auf das Preisniveau geben – allerdings rechnen die üblicherweise pro Date, wenn nicht gleich pro Stunde ab, so dass eine Angabe für den Monat eher wenig hilfreich ist.

- *Beruf* muss man nicht angeben, die Liste ist auch nicht hinreichend gut sortiert – gegebenenfalls sucht man sich das Nächstliegendste. Angaben wie *Model* oder *Stewardess* werden häufig als Hinweis auf hohe Erwartungen an die Höhe der Zuwendung interpretiert. Möchte man das nicht, dann unterlässt man lieber eine entsprechende Angabe, auch wenn sie zutreffend wäre.

- *Freizeitbeschäftigung* und *Sport* kann man ausfüllen, muss man aber nicht.

- Es werden nur die Sprachen angegeben, die man bereit ist, mit seinem *Sugardaddy* zu sprechen.

- Ob man die persönlichen Fragen beantworten möchte, ist Geschmackssache. Wenn man auf die Frage *Womit kann Dich ein Mann beeindrucken* Antworten wie *Geld, Diamanten* oder sonst etwas schreibt, was auf hohe materielle Erwartungen hinweist, positioniert man sich entsprechend. Bei manchen Sugardaddys ist man damit gleich als Sexarbeiterin abgestempelt.

Was suchst Du bei uns?

Die möglicherweise wichtigste Information ist die, was man denn überhaupt sucht. Auch hier kann man viel richtig oder auch falsch machen.

- *Flirt* sind unverbindliche Online- oder Offline-Kontakte, ohne dass daraus Weiteres entsteht. Diese Option eignet sich eher für die Kombination mit anderen.

- *Erotischer Kontakt* und *One-Night-Stand* verwenden (Gelegenheits-) Prostituierte alleine oder in Kombination, Sugarbabes können durch eine Kombination mit *SB/SD-Beziehung* klarstellen, dass diese auch eine erotische Komponente beinhalten kann.

- *Beziehung* ohne die Kombination mit *SB/SD-Beziehung* ist die klassische persönliche Beziehung ohne Zuwendung, möglicherweise aber mit einem deutlich älteren Partner, möglicherweise auch mit einem einkommensstarken Partner. In Kombination mit *SB/SD-Beziehung* rückt es diese ein wenig weg von Gelegenheitsprostitution hin zu einer persönlichen Beziehung.

- Die *SB/SD-Beziehung* ist das klassische Sugardating. Mit weiteren Optionen kann es in eine gewisse Richtung gerückt werden. Möchte man eine SB/SD-Beziehung ohne erotische Komponente, stellt man das möglichst im Profiltext noch klar.

- *Ausgehen/Shoppen* ist in dieser Kombination eher unglücklich. Dahinter verbergen sich sowohl diejenigen, die sich jemand suchen, der ihnen die ganzen Einkäufe bezahlt, aber auch diejenigen, die klassische Begleittätigkeit ohne sexuelle Handlungen anbieten. Sollte auf jeden Fall im Profiltext klargestellt werden.

- *Rinsing* lässt man besser weg, es sei denn, man möchte ausschließlich Bilder anbieten. Gegebenenfalls ein Zweitprofil anlegen.

Die vielen Möglichkeiten und noch mehr Kombinationsmöglichkeiten verwirren? Gehen wir es einfach noch mal nach den verschiedenen Möglichkeiten durch, die vorhin genannt wurden.

Sucht man die klassische SB/SD-Beziehung, also Schwerpunktsetzung auf persönliche Zuneigung, nicht auf den finanziellen Zugewinn, so wählt man

- Beziehung

- SB/SD-Beziehung

- Erotischer Kontakt

Damit ist der eher private Charakter der Beziehung definiert, als auch klargestellt, dass sie sexuelle Handlungen umfassen kann.

Wer eine klassische Beziehung sucht, also ohne direkte Zuwendung, der wählt

▦ Beziehung

Für eine SB/SD-Beziehung ohne sexuelle Handlungen wählt man

▦ SB/SD-Beziehung

▦ Flirt

▦ Ausgehen/Shoppen

Sicherheitshalber stellt man im Profiltext noch klar, dass eine erotische Komponente nicht vorgesehen ist.

Betreibt man klassische (Gelegenheits-) Prostitution, so wählt man

▦ Erotischer Kontakt

▦ One-Night-Stand

Für klassische Begleittätigkeit wählt man

▦ Flirt

▦ Ausgehen/Shoppen

Sicherheitshalber stellt man im Profiltext noch klar, was man anbieten möchte.

Der Profiltext

Braucht es einen Profiltext (bei mysugardaddy.de *Flirttext* genannt)? Ganz klar ja.

Zunächst dient der Profiltext als Nachweis, ein paar Sätze in brauchbarem Deutsch formulieren zu können. Klassische SB/SD-Beziehungen sind nicht beschränkt auf reine sexuelle Handlungen (das ist an anderer Stelle deutlich günstiger zu haben), die Kommunikationsfähigkeit macht den Unterschied. Sugardaddys sind überwiegend Akademiker, weil diese eher das dafür erforderliche Einkommen erzielen, dementsprechend sollte eine Kommunikation auf deren Niveau möglich sein.

Ein wohl formulierter Profitext grenzt ab von den allgemeinen Profilen, von den Fake-Profilen, hinter denen dann nur Rinsing-Anbieter, Gelangweilte, Frauen, die sich nur für ihren „Marktwert" interessieren, oder auch Sugardaddys stehen, die einfach nur mal neugierig sind, welche Angebote die Kollegen so machen.

Der Profiltext soll dem Sugardaddy den Einstieg in die Konversation erleichtern, indem ein paar Anknüpfungspunkte zu finden sind.

Und wenn man die Strategie eines spezifischen Profils verfolgt, kommt man um einen Profiltext ohnehin nicht umhin.

Der Profiltext soll individuell sein. Von daher gibt es hier keinen *perfekten Profiltext zum abtippen.* Aber ein paar Hinweise für die Formulierung möchte ich dann schon geben:

- Als klassisches Sugarbabe schreibt man nichts über sexuelle Handlungen, als Sexarbeiterin schon.

- Sexarbeiterinnen erbringen eine Dienstleistung. Für sie sind Formulierungen wie *ich mache Dich glücklich, bei mir kannst Du Spaß* haben oder *magst Du bei mir ausspannen* angemessen. Sugarbabes suchen eine Beziehung, das führt eher zu Formulierungen wie *Ehrlichkeit und Nähe sind mir wichtig, ich suche einen Sugardaddy, der mich respektiert* oder *ich möchte Dich nicht mit jemand teilen müssen.*

- Formulierungen wie *wir wissen doch alle, worum es hier geht, offen für alles* oder *ich weiß, was ich wert bin* sind die typische Formulierungen der Prostituierten. Als klassisches Sugarbabe sollte man so etwas vermeiden. Auch Formulierungen wie *Taschengeld* oder die Abkürzung *TG* verwenden überwiegend Sexarbeiterinnen.

- Sugarbabes und Sugardaddys leben üblicherweise finanziell in einer anderen Liga. Das kann dazu führen, dass ein Sugarbabe Begriffe verwendet, die der Sugardaddy unter „hat übertriebene Erwartungen" subsumiert, obwohl das bei genauer Betrachtung gar nicht der Fall ist. Sollte man jetzt nicht so attraktiv sein, dass man ohnehin ausreichend Auswahl unter zahlungskräftigen Sugardaddys hat, würde ich eher dazu raten, lieber etwas bescheidener zu formulieren und dann gegebenenfalls beim Kennenlerntreffen auszusortieren. Um bescheiden zu formulieren, sollte man Begriffe wie *Großzügigkeit, vorteilhaftes Arrangement* oder *Luxus* vermeiden. Eine elegantere Formulierung wäre zum Beispiel: *Um mich ganz auf mein Studium konzentrieren zu können, bräuchte ich eine gewisse finanzielle Unterstützung und hoffe, da eine für beide Seiten faire Lösung zu finden.*

- Eigenlob stinkt.

- Die Abwertung der anderen Profilen auch.

- Den Hinweis, man könne ja fragen, lässt man lieber weg. Erstens wissen das die Sugardaddys schon selbst, zweitens erweckt das den Eindruck, man sei nur an einer Freischaltung interessiert (aus welchen Gründen auch immer).

- Mit dem Hinweis, dass man etwas Langfristiges sucht, macht man als klassisches Sugarbabe nichts falsch.

- Als klassisches Sugarbabe nimmt man nicht jeden. Wenn sich die eigenen Auswahlkriterien klar formulieren lassen, dann ist es kein Fehler, diese in den Profiltext zu schreiben. Das hält ein wenig diejenigen ab, die ohnehin nicht infrage kommen, und ermuntert auch ein wenig diejenigen, die auf diese Kriterien passen.

Kontaktaufnahme

Üblicherweise verläuft die Kontaktaufnahme „klassisch" - der Sugardaddy kontaktiert und das Sugarbabe wartet darauf, kontaktiert zu werden.

Damit die Chat-Funktion bei *mysugardaddy.de* genutzt werden kann, muss der Sugardaddy erst 5 oder 20 Credits investieren (je nach VIP-Status) und das Sugarbabe freischalten. (Theoretisch könnte auch das Sugarbabe den Sugardaddy freischalten, aber üblich ist das nicht.)

Jetzt dürfte ein richtiger Sugardaddy sicher nicht an ein paar Euros arm werden. Aber er sieht vielleicht nicht ein, diese für die Freischaltung von Sugarbabes zu investieren, die ohnehin kein Interesse an ihm haben. Von daher gibt es zwei Möglichkeiten, vorher gegenseitiges Interesse auszuloten: Küsschen und Fragen.

Küsschen

Das Küsschen verschickt man an Profile, die man interessant findet. Dies wird dann der betreffenden Person angezeigt, und diese kann irgendwie darauf reagieren – oder es sein lassen.

Wenn man als Sugarbabe ein Küsschen bekommt (und nicht ohnehin gerade in Anfragen untergeht), dann schaut man sich das betreffende Profil an. Findet man das uninteressant, reagiert man einfach gar nicht. Einfaches Interesse signalisiert man, indem man ein Küsschen zurück schickt. Etwas stärkeres Interesse kann man signalisieren, indem man mit einer Frage antwortet, zum Beispiel *Würdest Du mich gerne kennenlernen* oder *Würdest Du gerne mit mir chatten.*

Als klassisches Sugarbabe ist man so zurückhaltend, nicht gleich mit einer Freischaltungsanfrage zu antworten, als Sexarbeiterin darf man da direkter vorgehen.

Ebenso würde ich allen klassischen Sugarbabes eher davon abraten, mit einem Küsschen selbst die Initiative zu ergreifen. Ausnahmen allenfalls dann, wenn man sieht, dass der Betreffende sehr häufig das eigene Profil besucht hat. Gleich gar nicht startet man selbst mit einer Freischaltungsanfrage, das wirkt unglaublich „needy" und wird primär von Rinsing-Profilen betrieben. Ist man selbst an einem bestimmten Profil interessiert, dann kann man es allenfalls etwas öfters besuchen und/oder als Favoriten setzen. (Eine Ausnahme besteht dann, wenn im Profiltext direkt die Aufforderung steht, sich mit einem Küsschen oder einer Frage bemerkbar zu machen.)

Fragen beantworten

Man kann auch ohne Freischaltung an andere Profile Fragen schicken. Die Fragen sind auf einen Fragenkatalog mit (derzeit) 30 Fragen beschränkt, die sich mit *Ja*, *Vielleicht* oder *Nein* beantworten lassen. Allzu viel kann man mit diesen Fragen nicht klären (der Plattformbetreiber möchte ja auch seine Credits verkaufen), aber es lässt sich damit ausloten, ob überhaupt gegenseitiges Interesse besteht (zumindest kann es versucht werden...).

Wenn eine Frage eingeht, ob man jemand gerne kennenlernen oder mit ihm chatten möchte, dann schaut man sich das Profil an und antwortet mit *Ja* oder *Nein*. *Vielleicht* hilft dem Fragesteller nicht wirklich weiter und ist auch nicht eleganter als ein *Ja*. Es taugt auch nicht als Ersatz für das leider nicht vorhandene *Im Moment nicht*, weil es nicht allgemein so verstanden wird.

Vielleicht bietet sich auf die Frage an, ob man sich zum Essen einladen lassen möchte, aber erst mal ein paar (weitere) Infos über den Betreffenden haben möchte.

Auf eine Frage kann man auch mit einer Gegenfrage antworten, zum Beispiel mit der Frage, ob der Betreffende ein Foto von sich reinstellen könne. Dass kann der Betreffende, oder er kann zumindest freischalten und das Foto dann im Chat senden, wenn er aus Gründen des Diskretion das nicht veröffentlichen möchte.

121

Chat

Der nächste Schritt ist die Freischaltung und dann die Kontaktaufnahme im Chat. Hier können nun beliebige Fragen gestellt und beliebige Antworten gegeben werden. Insbesondere können auch Kontaktdaten ausgetauscht werden.

Üblicherweise wird ein erheblicher Teil der eingehenden Chat-Nachrichten aus Anfragen nach sexuellen Dienstleistungen bestehen, mehr oder weniger charmant formuliert, teilweise verbunden mit konkreten Angeboten finanzieller Art. Versteht man sich als Sexarbeiterin, ist das die Kundschaft, die man sucht. Dort, wo es keine finanziellen Angebote gibt, muss man halt noch nachfragen, in manchen Fällen auch die eigenen Vorstellungen mitteilen oder unzureichende Angebote ablehnen.

Versteht man sich als klassisches Sugarbabe, sortiert man solche Anfragen eigentlich gleich aus: Dass der Anfragende einen für eine Prostituierte hält, mag man ihm ja vielleicht noch verzeihen (es sind halt viele dort unterwegs), aber eine so begonnene Beziehung – selbst wenn man sich dann doch irgendwie noch einig würde – tendiert halt stark in Richtung Prostitution, und damit auch in Richtung Anmeldepflicht nach ProstSchG; siehe auch Kapitel 2 und den dort abgedruckten Kriterienkatalog. Eigentlich kann man solche Profile gleich blockieren.

Richtige Sugardaddys werden versuchen, an den Profiltext anzuknüpfen. Das mag nun unterschiedlich gut gelingen – nicht jeder ist ein Meister des (geschriebenen) Wortes. Man sollte es auf jeden Fall als Beleg dafür nehmen, dass der Profiltext überhaupt gelesen wurde, und als Zeichen der persönlichen Wertschätzung, nicht den Standardtext gecopypastet bekommen zu haben. Selbstverständlich haben auch richtige Sugardaddys ihren Standardtext, auf die dutzenden *Leider hat das Mitglied noch keinen Flirttext eingegeben* denkt man sich natürlich nicht jedes Mal einen individuellen Text aus, und viele Profiltexte erhalten auch nicht wirklich Punkte, an die man anknüpfen könnte.

Ein klassischer Standardtext könnte zum Beispiel ausdrücken, dass man die Betreffende gerne kennenlernen möchte, und ob man sich nicht ganz unverbindlich in einem Restaurant treffen könne. Die Floskel *ganz unverbindlich* ist dahingehend zu verstehen, dass man dem Sugardaddy nichts schuldig ist, auch wenn dieser (selbstverständlich) die Rechnung begleicht.

Ein solches Angebot muss nun nicht gleich mit *Ja* oder *Nein* beantwortet werden, sondern man kann seinerseits ein paar Fragen stellen, um damit schon mal grob vorzufiltern, ob der Betreffende infrage käme. Damit die Sache nicht in Richtung Prostitution tendiert, vermeidet man als klassisches Sugarbabe die Diskussionspunkte *Geld* und *Sex*, zumindest in konkreter Form. Konkreter als *ich brauche eine gewisse finanzielle Unterstützung, um mich auf mein Studium konzentrieren zu können* oder *ich suche eine SB/SD-Beziehung mit allem, was dazugehört* sollte es nicht werden.

In den meisten Fällen dürfte es ratsam sein, eher nur die „harten Ausschlusskriterien" im Chat zu klären, und schnell ein Kennenlerntreffen zu vereinbaren.

WhatsApp

Es ist nicht unüblich, während der Kontaktaufnahme auf einen anderen Messenger zu wechseln, meistens WhatsApp. Das hat den großen Vorteil, dass man auch mal schnell eine Sprachnachricht senden kann, wenn man nicht gerne tippt. Zudem grenzt man sich von den ganzen Fakes ab – ohnehin schon dadurch, dass man seine Telefonnummer raus gibt, zudem ist mit einer Sprachnachricht schon mal das Geschlecht bewiesen (es gibt Wenige, die das überzeugend faken können).

Das Problem dabei ist: WhatsApp ist eine ziemliche Datenkrake. Und auch dann, wenn die Konversation verschlüsselt ist – durch das Auslesen aller Kontakte und Aufbau eines Kommunikationsprofils (Kommunikation mit vielen Männern, die ihrerseits massiv Kontakt mit Prostituierten haben) ist man schnell in eine Schublade gesteckt, in die man nicht möchte. Und würde seine anderen Kontakte auch in zumindest die Nähe einer Schublade bringen, in welche die auch nicht möchten.

Die Lösung dieses Problems liegt darin, dass ein Zweihandy besorgt wird, das ausschließlich fürs Sugardating verwendet wird. Dafür reicht ein Prepaid-Vertrag, im Idealfall nutzt man das ja nicht lange. Mit dieser Nummer kann man dann recht freizügig umgehen – wenn es zu Problemen kommt, legt man diese Nummer still und besorgt sich die nächste Karte.

Zweitprofil

Zweitprofile von Sugarbabes sind bei den Sugardaddys nicht beliebt, da sie gegebenenfalls für ein und dieselbe Frau dann zweimal für die Freischaltung bezahlen müssen. Wenn man so etwas macht, dass gibt man sich ein wenig Mühe, das nicht allzu auffällig zu machen.

Wozu ist ein Zweitprofil gut?

- Wenn man auch Rinsing anbieten möchte, dann lagert man das in ein eigenes Profil aus, weil etliche Sugardaddys gleich Reißaus nehmen, wenn sie irgendwo *Rinsing* lesen. (Die haben dann schon zu oft die Erfahrung gemacht, dass solche Profile nur überteuerte Bilder anbieten, und sonst gar nichts.)

- Über ein Zweitprofil bekommt man recht problemlos mit, wenn ein Sugardaddy allen Profilen schreibt, dass sie die schönste Frau auf der Welt sind und er sich gerade unsterblich verliebt habe (oder was auch immer so geschrieben wird).

- Manchmal besteht der Bedarf, einem Sugardaddy mal etwas gründlicher „auf den Zahn zu fühlen" - vielleicht mal ein paar wenig schmeichelhafte Worte geschrieben und geschaut, wie souverän und gelassen er reagiert. Wobei man natürlich erfahrene Sugardaddys da kaum aus der Reserve locken kann, weil die den Trick mit dem Zweitprofil auch schon kennen.

124

Das Zweitprofil legt man ein wenig unterschiedlich zum Hauptprofil an, aber schon so ähnlich, dass dieselben Sugardaddys einen kontaktieren.

Mehr als ein zweites Profil legt man nicht an. Schon aus Gründen der Fairness und der Nachhaltigkeit (je schlechter die Erfahrung, welche die Sugardaddys machen, desto weniger Lust haben Sie auf Großzügigkeit), aber auch deshalb, weil man dann die Profile nicht mehr sauber getrennt halten kann. Dann bezieht man sich irgendwo mal auf eine Information, die man über ein anderes Profil erhalten hat, es fällt auf, und schon hat man ein paar Minuspunkte.

Kennenlerntreffen

Viele echte Sugardaddys werden auf ein baldiges Kennenlerntreffen drängen, weil sie erst dann sicher sein können, dass sie nicht gerade mit einem Fake kommunizieren und die veröffentlichten Bilder irgend etwas mit der Realität zu tun haben. (So ganz sicher können sie sich auch dann noch nicht sein – es könnte ja auch eine Soziologie-Studentin sein, die gerade für ihre Bachelor-Arbeit Feldforschung betreibt; aber das Risiko, immer noch einem Fake aufzusitzen, ist recht gering.)

Ein baldiges Kennenlerntreffen muss nicht zum eigenen Nachteil sein: Als echtes Sugarbabe sucht man ja nicht einen primär finanzkräftigen, sondern einen primär sympathischen Sugardaddy, und ob „die Chemie stimmt" lässt sich im persönlichen Gespräch viel leichter herausfinden als in einem Chat (wo beide Seiten auch immer damit rechnen müssen, gerade mit einem Fake zu kommunizieren und deswegen etwas vorsichtiger sind).

Telefonieren?

An dieser Stelle können wir es kurz machen: Nein.

Ein Kennenlerntreffen lässt sich nicht durch ein Telefonat ersetzen, nicht bei klassischem Sugardating. Es geht hier um eine persönliche Beziehung, da spielt die Optik eine große Rolle (es sei denn, die Beteiligten sind blind oder stark sehbehindert), anhand von Fotos lässt sich das nicht beurteilen, selbst dann nicht, wenn diese nicht vorteilhaft oder schon älter sind. Und weil eben diese optische Komponente noch ungeklärt ist, wird es auch beim Aufbau eines Vertrauensverhältnisses schwierig.

Nach meiner Erfahrung ist es sogar meist kontraproduktiv, vor dem Kennenlerntreffen länger zu telefonieren: Man erzählt sich zu viel und hat dann beim Kennenlerntreffen zu wenig sich zu sagen. Kurze Telefonate, um Details des Kennenlernteffens zu klären, sind unproblematisch, Sprachnachrichten sind besser.

Auf keinen Fall klärt man so Dinge wie die Höhe der Zuwendung. Für Sugarbabes, die einen bestimmten Betrag benötigen, um z.B. ihr Studium zu finanzieren, stellt sich da die Problematik, da nicht bereits vor dem Kennenlerntreffen filtern zu können. Da muss man halt mal bereit sein, zehn oder zwanzig Mal sich abends einladen zu lassen, bis man den Richtigen gefunden hat – auch das Leben als Sugarbabe kann hart sein.

Wie bei so manchem gilt auch hier: Sexarbeiterinnen haben da größere Freiheiten.

Ort und Zeit für das Kennenlerntreffen

Ein Kennenlerntreffen findet schon aus Sicherheitsgründen immer in einer gastronomischen Einrichtung statt. Hier besteht dann ein kleiner Zielkonflikt: Einerseits sind aus Gründen der Sicherheit gut frequentierte Restaurants in zentraler Lage sinnvoll, andererseits möchte man aus Gründen der Diskretion vielleicht nicht zu viele Zuhörer haben. In den anonymen Großstädten ist das einfacher als auf dem Land.

Im einfachsten Fall kommen beide Beteiligten aus derselben Stadt (oder zumindest deren ÖPNV-Bereich). Wenn nicht, dann ist es üblich, dass der Sugardaddy zum Sugarbabe fährt. In diesem Fall kennt sich der Sugardaddy meist nicht ganz so mit der Gastronomie vor Ort aus und ist über eine Empfehlung des Sugarbabes ganz froh. Man kann sich auch erst mal an einem zentralen Platz treffen, gemeinsam entscheiden, worauf man Lust hat, und dann dahin aufzubrechen.

Eine angemessene Gastronomie-Rechnung liegt (wenn man gemeinsam etwas isst) zwischen 50,- und 150,- Euro. Man sollte als Sugarbabe nichts vorschlagen, was drüber liegt. Wenn der Vorschlag vom Sugardaddy kommt, ist das unproblematisch. Kommt vom Sugardaddy etwas, was unter 50,- Euro für beide Personen liegt, sind Zweifel an der Zahlungsfähigkeit angebracht. (Es gibt natürlich Ausnahmen, zum Beispiel, wenn man sich wegen sommerlichen Hitze in einem Eiscafe trifft.)

Bezüglich dem Zeitpunkt schaut man einfach, wann beide Beteiligten Zeit haben. Macht schon hier die Terminfindung Schwierigkeiten, steht die Beziehung insgesamt unter keinem guten Stern.

Für den Sugardaddy gilt Pünktlichkeitspflicht, das Sugarbabe darf auch einige wenige Minuten später kommen. Wenn man aufgehalten wird (Stau, U-Bahn verspätet sich, etc.), dann teilt man das möglichst rechtzeitig mit. (Von daher hat man die App von *mysugardaddy.de* auf dem Smartphone.)

Die Rechnung

Die Gastronomie-Rechnung übernimmt der Sugardaddy. Und ebenso selbstverständlich: Das Sugarbabe ist dem Sugardaddy dadurch zu nicht verpflichtet.

„Wir zahlen getrennt" ist nur in ganz wenigen Ausnahmefällen eine Option. Konkret:

- Es wurde vor dem Treffen so vereinbart.

- Das Sugarbabe besteht darauf.

- Es stellt sich während des Treffens heraus, dass das Sugarbabe den Sugardaddy in wesentlichen Punkten belogen hat (z.b. bietet nur Rinsing an, obwohl das im Profil nicht angegeben war). Auch das ist sehr selten. Meist betreffen Lügen und „mittelschwere Schwindeleien" Dinge, die das Äußere betreffen – extrem geschönte Bilder, falsche Angaben über die Figur. In diesem Fall fällt das auf, bevor man bestellt. Bestellt der Sugardaddy trotzdem, dann gibt es keinen Grund mehr, die Bezahlung der gemeinsamen Gastronomie-Rechnung zu verweigern.

Dass man bei diesem Punkt von einem Sugardaddy „verarscht" wird, kommt selten vor und kann unter „Betriebsrisiko" verbucht werden. Ist man nicht in der Lage, zur Not seinen eigenen Anteil zu bezahlen, dann kann man ja im Vorfeld im Chat ganz beiläufig anfragen, wie es denn mit der Bezahlung der Gastronomie-Rechnung aussehen würde. Jeder richtige Sugardaddy wird dann sofort bestätigen, dass er das selbstverständlich übernehmen wird. (Möchte man ganz vorsichtig sein, dann zieht man vom Chat einen Screenshot und hält diesen zur Not dem Gastwirt unter die Nase.)

Bezahlung des Kennenlerntreffens

Für (Gelegenheits-) Prostituierte ist die Sache einfach: *Zeit ist Geld*, und ob der Kunde vögeln oder essen möchte, ist egal. Darauf weist man vor dem Kennenlerntreffen in der gebotenen Deutlichkeit (also mit Nennung des Betrags) hin.

Von daher ist die Sache auch für echte Sugarbabes einfach: Für das Kennenlerntreffen gibt es keine Zuwendung des

Sugardaddys. Dieser bezahlt zwar die gemeinsame Gastronomie-Rechnung und gegebenenfalls real anfallende Kosten, aber nichts darüber hinaus.

Sollte der Sugardaddy einen Betrag anbieten, so lehnt man den ab (es sei denn, man ist ohnehin schon nach ProstSchG angemeldet und braucht sich davon nicht mehr klar abzugrenzen). Es ist sogar erlaubt, das ein klein wenig empört abzulehnen (*für was hält der mich eigentlich...*). Diese Ablehnung dient nicht nur zur Abgrenzung gegenüber der Prostitution, sondern ist auch ein klares Statement in Richtung *ich bin nicht hemmungslos geldgeil*. Das dürfte sich am Ende sogar finanziell auszahlen, bezüglich des gegenseitigen Vertrauens ohnehin.

Ein wenig heikel ist immer die Sache mit den real anfallenden Kosten, weil in der Regel einer der beiden Beteiligten in Vorleistung gehen muss, und sich nicht sicher sein kann, dass das Kennenlerntreffen überhaupt zustande kommt.

Real anfallende Kosten sind meist Kosten für die Anreise und Kosten für einen Babysitter (so der erforderlich sein sollte). Kosten für die Anreise löst man in der Regel so, dass der Sugardaddy zum Sugarbabe kommt. Dann ist er womöglich auch vergeblich angereist, das Sugarbabe kann aber keinen finanziellen Gewinn daraus ziehen. Ist der Sugardaddy dazu nicht bereit, trägt er halt die Kosten per Vorkasse.

Kosten für einen Babysitter sind etwas schwieriger zu sparen. Ja, theoretisch denkbar wäre ein Treffen auf einem Kinderspielplatz oder einem Indoor-Spielplatz, aber die wenigsten Mütter werden ihr Kind bei einem ersten Treffen mit einem ihr unbekannten Mann dabei haben wollen (und wenn die Oma aufs Kind aufpassen soll, stellt die immer so neugierige Fragen...). Hier ist es dann denkbar, dass man noch im Chat sich auf einen Betrag einigt, der den real entstehenden Kosten entspricht, und der Sugardaddy das dann während des Kennenlerntreffens in bar übergibt.

Kleidung und äußeres Erscheinungsbild

Es kommt immer mal wieder vor, dass ein Sugarbabe Stunden aufwendet, um über passende Kleidung nachzudenken und sich zurecht zu machen, und dem Sugardaddy das alles völlig egal ist. Von daher kann man viel Zeit und Mühe sparen, indem man einfach vorher nachfragt. Dadurch vermeidet man auch die für den Sugardaddy möglicherweise nicht angenehme Situation, dass er im Vergleich zu ihr völlig underdressed ist.

Sofern vorher nichts besprochen wurde: Sauber und dezent. Schon bei (Gelegenheits-) Prostituierten ist von einem übertrieben sexy Outfit abzuraten, wenn man sich mit einem Kunden in der Öffentlichkeit trifft (es sei denn, es wurde vorher so besprochen). Noch viel mehr gilt das für ein klassisches Sugarbabe: Abgesehen davon, dass man möglicherweise selbst von anderen Menschen erkannt wird und in den Verdacht geraten könnte, „eine Professionelle" zu sein, möchte man auch nicht den potentiellen Sugardaddy in einen entsprechenden Verdacht bringen. Im Zweifelsfall sollte immer die Möglichkeit bestehen, dem plötzlichen auftauchenden Chef oder Geschäftspartner als Nichte (oder bei größerem Altersunterschied als Enkelin) vorgestellt zu werden.

Auch für Make-Up und Parfüm gilt: Lieber untertrieben als übertrieben.

Konversation

Beim klassischen Sugardating dient die Konversation dazu, sich gegenseitig besser kennen zu lernen. Von daher ist ein Gesprächsanteil von 50% ideal, kleine Abweichungen in beide Richtungen unproblematisch.

Reden kann man über vieles: Beruf beziehungsweise Ausbildung, Ziele im Leben, Hobbys und Interessen, Kultur, Sport und auch über die Erfahrungen auf der jeweiligen Dating-Plattform (was oft zunächst das einzige Verbindende zwischen den beiden

Beteiligten ist). Politik und Religion lässt man besser außen vor oder streift das allenfalls am Rande.

Über Geld und sexuelle Interessen spricht man spät (frühestens beim Desert) und nicht allzu lang (maximal 20% der Zeit). Über andere Details der angestrebten Beziehung (*wie oft treffen wir uns, wann hat wer Zeit, wo können wir uns treffen, wollen wir zusammen verreisen...*) kann man sich länger unterhalten, das zählt nicht zu den 20%.

Unangenehme Fragen muss man nicht beantworten, ein Kennenlerntreffen ist kein Verhör. Da darf man immer ausweichen (*lass uns das besprechen, wenn wir uns besser kennen* oder so ähnlich), lediglich nicht dauernd. Was man jedoch sagt, sollte im Großen und Ganzen der Wahrheit entsprechen – alles andere wäre nicht besonders nachhaltig.

An Komplimente werden – wie in privaten Beziehungen so üblich – bezüglich des Wahrheitsgehaltes keine besonders strengen Anforderungen gestellt. Das erste Kompliment macht der Sugardaddy, man sollte bis dahin sich aber schon etwas überlegt haben, um direkt antworten zu können. Komplimente können das Aussehen oder Details davon betreffen, man kann über die Kleidung etwas Nettes sagen oder einen Charakterzug hervorheben. Wichtig ist, dass es nicht völlig unglaubhaft wirkt. Als Notnagel kann man immer noch die Lebenserfahrung loben.

Das Kennenlerntreffen absagen

Die Verlässlichkeit beim Sugardating hat leider massiv „Luft nach oben". Wohl schon jeder – Sugarbabe oder Sugardaddy – der das länger betreibt, dürfte schon mal versetzt worden sein. Von daher bestätigt man sinnvollerweise im Laufe des Tages den Termin (*Bleibt es bei heute Abend 19:00 Uhr Frankfurt Hauptwache?*), das reduziert auch die Wahrscheinlichkeit, dass er schlicht vergessen wird.

Spätestens jetzt sollte man absagen, wenn einem etwas dazwischen gekommen ist (oder man kein Interesse mehr hat). Eine Absage braucht nicht begründet zu werden – die Oma, die plötzlich erkrankt ist, wird ohnehin schon längst nicht mehr geglaubt. Eine möglichst rechtzeitige Absage wird meist mehr geschätzt als ein gut erfundener Grund.

Eine Unart ist es, kommentarlos nicht zu erscheinen (leider auch üblich in der Kombination, den anderen dann gleich zu blocken). So etwas geht gar nicht und verdient einen entsprechenden Eintrags im Sugar-Forum (*www.sugar-forum.de*).

Fortsetzung

Handelt es sich um (Gelegenheits-) Prostitution, spricht nichts dagegen, vom Kennenlerntreffen direkt ins Hotel (oder wohin auch immer) zu wechseln, um dort gleich zur Sache zu kommen.

Beim klassischen Sugardating rate ich davon ab, nicht zuletzt, um sich von (Gelegenheits-) Prostitution abzugrenzen. Meiner Erfahrung nach entstehen nur dann längere Beziehungen, wenn man anschließend getrennt nach Hause geht, und sich beide Seiten die Sache noch mal gründlich überlegen. Kommt es dann zu weiteren Treffen, halten diese im Schnitt deutlich länger.

Das setzt selbstverständlich voraus, dass die eine Seite nicht hemmungslos notgeil ist und die andere Seite kein dringendes finanzielles Problem hat.

Eine Fortsetzung muss nicht direkt ins Bett führen - so manches Sugarbabe muss erst ein wenig „auftauen". So können sich weitere Restaurantbesuche anschließen, man kann aber auch mal ins Theater, in die Oper oder zu einer Vernissage gehen. Hier gelten grundsätzlich dieselben Regeln wie für die Kennenlerntreffen: Der Sugardaddy übernimmt die Kosten, eine Zuwendung für das Sugarbabe ist jedoch unüblich (oder in deutlich reduzierter Form – schließlich soll es ja noch ein wenig Anreiz geben, einen Schritt weiter zu gehen...).

132

Dating

Der nächste logische Schritt ist, dass man sich irgendwo trifft, wo ein Bett zur Verfügung steht. Das kann beim Sugardaddy oder beim Sugarbabe daheim sein, das kann irgendwo in einem Hotel sein. Die Zusage zu einem solchen Treffen wird üblicherweise als Zusage verstanden, dass es dann zu sexuellen Handlungen kommt – es sei denn, etwas anderes wurde explizit vereinbart. Auch Vorschläge wie *wir treffen uns beim Italiener, essen eine Kleinigkeit, und gehen dann zur mir nach Hause und machen es uns dann gemütlich* oder *wir fahren übers Wochenende an die Ostsee, ich buche uns ein Hotel in Kiel* gehen klar in diese Richtung.

Hier gibt es dann grundsätzlich drei Möglichkeiten: Ist man der Ansicht, dass es doch nicht so passt, so sagt man höflich, aber bestimmt ab. Es gibt keine Verpflichtungen zu solchen Dates, auch nach ein paar Treffen in einem teuren Restaurant nicht. Ist man zu einem solchen Treffen bereit, sagt man einfach zu und klärt die Details.

Etwas schwieriger wird es, wenn man sich diesbezüglich unsicher ist. Die eine Möglichkeit besteht darin, um weitere Kennenlerntreffen zu bitten. Die andere Möglichkeit ist die Zusage mit Vorbehalt. Das könnte man z.B. wie folgt formulieren: *Gerne gehe ich mit Dir zum Italiener, und wenn Du magst, begleite ich Dich auch nach Hause. Ich weiß aber noch nicht, wie weit ich bei der „Gemütlichkeit" gehen möchte – so besonders lange kennen wir uns ja noch nicht. Wenn ich noch nicht so besonders weit gehen möchte, müsste dann selbstverständlich bei der Höhe der Zuwendung eine auch für Dich faire Lösung gefunden werden.*

Sicherheit

Reden wir mal nicht drum herum: Es gibt Männer, die gegenüber Frauen gewalttätig werden, es gibt Männer, die Frauen vergewaltigen. Während eines Kennenlerntreffens ist man in
einer gastronomischen Einrichtung, da wird einem nicht viel
passieren. Während eines Dates ist man mit seinem Sugardaddy
alleine.

Grundsätzlich dürfte das Risiko deutlich geringer sein, als wenn
man mit einer Disko-Bekanntschaft nach Hause geht:
Sugardaddys sind meist etwas älter (und damit nicht mehr im
Segment *20 bis 30 Jahre*, in den Männer am meisten gewaltaffin
sind), sie sind wirtschaftlich erfolgreich (auch damit sinkt die
Gewaltaffinität – und Disziplin sowie Frustrationstoleranz stei-
gen), und der Alkoholpegel ist meist auch noch nicht so hoch.
Hinzu kommt, dass wirtschaftlich erfolgreiche Männer meist
mehr zu verlieren haben als der Durchschnitt in einer Diskothek
und sich bei Bedarf jederzeit eine Prostituierte leisten können.

Und nicht zuletzt dient das vorherige Kennenlerntreffen auch
dazu, sich erst mal in sicherer Situation einen Eindruck vom
Sugardaddy verschaffen zu können. Das hilft auch bei der Risiko-
abschätzung:

- Manche Männer erzählen freimütig, wie sie dieses oder jenes
  Problem mit Gewalt gelöst haben (und rechnen dabei wohl
  damit, eine Frau beeindrucken zu können). Für die Frau sollte
  das ein ernstes Warnsignal sein.

- Männer, die politisch weit rechts stehen, haben häufig (selbstverständlich nicht immer) eine hohe Gewaltaffinität. Eigentlich möchte man ja nicht über Politik reden. Von daher hört
  man sehr genau hin, wenn es um Ausländer und Homosexuelle
  geht.

- Einen durchtrainierten Sixpack kann man durchaus sexy
  finden. Es bedeutet aber auch, dass man im Ernstfall keine
  Chance hat.

- Vorsicht bei sehr großzügigen Angeboten: Wer vor hat, ohnehin nie zu bezahlen (und sich, was er möchte, mit Gewalt zu nehmen), kann problemlos viel versprechen.

- Genau hinschauen sollte man auch bei allem, was auf niedrige Frustrationstoleranz, Unehrlichkeit oder erhöhten Alkoholkonsum hindeutet.

- Was denkt der Sugardaddy allgemein über Frauen? Redet er über sie mit Respekt, oder hat er eher ein funktionales Verhältnis zu ihnen („sind dafür da, dass ich meinen Spaß habe")?

Wenn man bei diesen Punkten aufpasst, gegebenenfalls beiläufig des Gespräch auf entsprechende Themen lenkt, dann sollte man schon sehr gut einschätzen können, ob man mit diesem Mann allein sein möchte.

Es ist aber längst nicht so, dass man dann alle Vorsicht beiseite lassen kann:

- Der Klassiker der Vorsichtsmaßnahmen ist, dass eine andere Person Bescheid weiß und zu vereinbarter Zeit mal anruft. Da fragt man vorher seinen Sugardaddy, ob das ok ist – ein Gentleman wird da nie Einwände haben (und alle anderen können damit rechnen, dass eine Gewalttat nicht folgenlos bleiben wird).

- Ein vorheriger gemeinsamer Restaurantbesuch hat den Vorteil, dass man sich in Ruhe ansehen kann, in welcher Stimmung der Sugardaddy gerade ist, und welche Mengen an Alkohol er konsumiert.

- Der eigene Alkohol-Komsum ist so gering, dass man jederzeit souverän agiert.

- Es ist einfacher, irgendwo zu gehen, als jemand aus der eigenen Wohnung zu bekommen. Ein Treffen beim Sugardaddy oder in einem Hotel ist von daher sicherer.

Apropos gehen: Gerade beim ersten Date ist es enorm wichtig, jederzeit gehen zu können (und das auch zu tun, wenn sich Probleme abzeichnen):

■ Man ist nach Möglichkeit nicht auf das Geld angewiesen, das der Sugardaddy einem geben soll. Sonst zögert man im Ernstfall den Zeitpunkt des Gehens zu lange hinaus.

■ Man kommt vom Ort des Geschehens ohne die Hilfe des Sugardaddys weg. Entweder parkt das eigene Auto vor der Tür, oder man hat Taxi-App und Google-Maps auf dem Handy. Ohnehin weiß man jederzeit, wo man sich gerade aufhält.

■ Beim ersten gemeinsamen Date verreist man nicht. Nach Möglichkeit ist das erste gemeinsame Date auch kein Overnight-Date (mitten in der Nacht sind die Handlungsoptionen oft begrenzt).

■ Ist man in einer fremden Stadt, so hat man einen Plan B für die Übernachtung. Nach Möglichkeit findet das erste Date am eigenen Wohnort statt.

■ Von Verteidigungswaffen wie Reizgas oder Pfefferspray ist abzuraten – das ist schon zu oft eher schädlich als nützlich gewesen, gibt ein trügerisches Gefühl der Sicherheit und verleitet damit, zu spät zu gehen.

Bevor jetzt die Lust am Sugardating ganz verloren geht, noch mal der Hinweis: Bei der ganz weit überwiegenden Zahl der Dates passiert nichts Schlimmes. Die Gefahr dürfte beim Sugardating deutlich geringer sein als bei Zufallsbekanntschaften. Aber lieber einmal zu oft vorsichtig gewesen als einmal zu wenig.

Laufen die Dates problemlos, kann man Schritt für Schritt etwas weniger vorsichtig werden.

Sexuelle Handlungen

Sofern nicht explizit anderes abgesprochen ist, umfassen die sexuellen Handlungen

■ Kuscheln und (Zungen-) Küsse

- Fingern und lecken bei Ihr

- Oraler Verkehr bei ihm

- Vaginaler Verkehr (bei schwulen Beziehungen statt dessen analer Verkehr)

Möchte man etwas davon nicht, spricht man das ebenso mit seinem Sugardaddy ab, wie wenn man etwas zusätzlich möchte. Wenn man im Vorfeld den Punkt sexuelle Handlungen abklärt, kann man die oben aufgezählten Punkte unter *normal* oder *Blümchensex* subsummieren.

Kondome

Ist man (Gelegenheits-) Prostituierte, dann ist die Sache eindeutig: Das ProstSchG schreibt die Verwendung vor und man hat eigene dabei und setzt diese ein.

Als klassisches Sugarbabe fällt man nicht unter den Anwendungsbereich des ProstSchG. Dennoch ist die Verwendung von Kondomen sinnvoll:

- Sie schützen recht gut vor der Übertragung von Geschlechtskrankheiten.

- Sie schützen vor einer Schwangerschaft.

Somit verwendet man zumindest in der Anfangsphase Kondome und hat sicherheitshalber eigene dabei.

Wenn man ohne mehr Spaß hat, oder der Sugardaddy den entsprechenden Wunsch hat und man diesen enger an sich binden möchte, dann kann man nach einigen Monaten darüber nachdenken, ob es auch ohne gehen könnte. Die Regeln sind dieselben wie bei einer rein privaten Beziehung:

- Man ist sich beiderseitig sicher, nicht mit irgendetwas infiziert zu sein (inkl. HIV-Test mindestens 3 Monate nach dem letzten ungeschützten Verkehr).

- Man ist sich gegenseitig so treu, dass man mit anderen zumindest nicht ungeschützt Verkehr hat (oder das anschließend offenlegt und dann erst mal wieder Kondome verwendet).
- Einer der beiden Beteiligten verhütet zuverlässig.

Bei älteren Sugardaddys kann es vorkommen, dass deren Standfestigkeit schon ein wenig zum Problem geworden ist, und ein Kondom das Problem verschärft. Hier kann man dann zu einem sogenannten Femidon, auch Frauen-Kondom genannt, greifen.

Zuwendung

Für Sexarbeiterinnen ist die Sache einfach: Es wird zu Anfang des Dates in bar bezahlt.

Bei echten Sugarbabes ist die Sache ein wenig knifflig: Einerseits möchte man sich von Prostitution abgrenzen, andererseits möchte man ja (wegen des Freibetrags keine) Schenkungssteuer und nicht Einkommenssteuer bezahlen. Geschenke kann man jedoch schlecht einfordern. Gerade beim ersten Date kann man sich aber auch nicht sicher sein, nicht vielleicht doch an einen Blender geraten zu sein.

Echte Sugardaddys werden einen da nicht in Verlegenheit bringen und von sich aus den vereinbarten Betrag überreichen (wenn auch nicht zwingend zu Anfang des Dates – auch die wollen sich ja von Prostitution abgrenzen). Sollte ein Sugardaddy das mal vergessen (was ja immer mal vorkommen kann), dann kann man dezent darauf hinweisen (*wollen wir noch einen Abstecher zum Geldautomaten machen?*), wenn das nicht hilft, weniger dezent (*Du hattest mir beim Kennenlerntreffen auch eine Zusage finanzieller Art gemacht. Fühlst Du Dich noch daran gebunden?*)

Man sollte es vermeiden, von *meinem Geld* zu reden (*Wann gibst Du mir eigentlich mein Geld?*), das ist die typische Formulierung einer Prostituierten. Da findet sich immer eine andere Formulierung (z.B. *Es wäre jetzt eigentlich Zeit für die Kröten-wanderung... also die Kröten wandern von Deiner Brieftasche in die meinige...*).

Spätestens nach dem zweiten Hinweis hat der Betreffende verstanden, oder er möchte nicht verstehen. Hier hat man dann nun ein gewisses Problem: Wenn man keine Prostituierte ist, dass ist das mit dem rechtlichen Anspruch auf den so genannten Hurenlohn zumindest fraglich. Und: Abgesehen vom Beweisproblem ist es auch immer ein wenig „blöd", hier zu klagen und nicht nach ProstSchG angemeldet zu sein. Und womöglich fällt dann auch dem Finanzamt auf, dass man nicht angemeldet ist – nach einer solchen Klage braucht man denen auch nicht mehr mit „Freibetrag Schenkungssteuer" zu kommen.

Völlig klare Sache: Wer in dieser Angelegenheit ein Sugarbabe „verarscht", ist kein Sugardaddy, sondern ein Arschloch. Nicht nur der, der gar nicht zahlt, sondern auch derjenige, der sein Sugarbabe da unnötig hinhält. Er wird nicht mehr gedatet, und ein entsprechender Eintrag kommt ins Sugar-Forum (damit wird nicht gedroht, das wird noch nicht mal angekündigt, das wird einfach gemacht).

Also doch lieber im voraus beschenken lassen? Gewitzte Sugarbabes erzählen beim Kennenlerntreffen unter der Rubrik *Erfahrung beim Sugardating* ganz beiläufig von jenem Arschloch, das zwar dann doch noch bezahlt hat, das sich aber minutenlang dumm gestellt hat, und wie unangenehm das gewesen sei. Echte Gentlemen werden dann fragen, ob man entsprechende Befürchtungen vielleicht dadurch zerstreuen könnte, dass man zumindest beim ersten Date am Anfang bezahlt.

Im Allgemeinen braucht man sich da aber keine großen Sorgen machen, zumindest dann, wenn man beim Kennenlerntreffen einen guten Eindruck vom Sugardaddy hatte (alle anderen sollte man ohnehin nicht daten, Sicherheit und so). Wird einem die Zuwendung überreicht, freut man sich darüber und bedankt sich (es ist schließlich ein Geschenk, Schenkungssteuer und so, wenn auch ein vorher vereinbartes Geschenk).

Und zu der Frage: Muss es einem peinlich sein, wenn ein Mann, mit dem man gerade Sex hatte (und gar nicht so selten hat das Sugarbabe mehr Spaß als der Sugardaddy), einem ein paar Scheine zusteckt? Selbstverständlich nicht – das ist angewandte sexuelle Selbstbestimmung, das ist Sugardating.

Eine SB/SD-Beziehung beenden

Eine SB/SD-Beziehung wird nicht geschlossen auf „bis dass der Tod Euch scheide". Für ein Sugarbabe kann es viele Gründe geben, eine solche Beziehung zu beenden, und alle sind legitim.

Trennung im Guten

In der Mehrheit der Fälle erfolgen solche Trennungen „im Guten". Es ist einfach zu langweilig geworden, man hat sein Studium oder seine Ausbildung beendet, zieht in eine andere Stadt, beginnt eine private Beziehung.

In einem solchen Fall sollte man versuchen, die Beziehung so zu beenden, dass man sie auch wieder fortsetzen kann, wenn der Bedarf dazu besteht (zum Beispiel, wenn es dann mit der Jobsuche nicht so klappt und man wieder ein finanzielles Problem hat).

Es gibt auch die Möglichkeit einer „Trennung light", also dass man die Anzahl der Dates drastisch reduziert. Oder man trifft sich vielleicht zweimal im Jahr, gegebenenfalls auch nur zum gemeinsamen Dinner, um einfach den Kontakt ein wenig aufrecht zu erhalten, so dass man im Falle eines Falles das auch wieder intensivieren kann.

Echte Sugardaddys haben für solche Situationen zumindest Verständnis. Im einfacheren Fall haben sie inzwischen selbst Lust auf eine Veränderung, da wird man dann keine Probleme bekommen. In anderen Fällen möchte der Sugardaddy die Beziehung fortsetzen, das kann recht schnell ziemlich lästig werden; manchmal werden dann auch die Angebote ziemlich großzügig – dann kann man sich das ja immer noch mal überlegen.

Trennung auf Initiative des Sugardaddys

Es gibt auch den Fall, dass der Sugardaddy eine solche Beziehung beenden möchte. Vielleicht ist ihm langweilig geworden, vielleicht hat er eine gefunden, die jünger, hübscher und obendrein vielleicht auch noch günstiger ist, vielleicht hat er eine private Beziehung begonnen, vielleicht hat ihn seine Gattin zur Rede gestellt – auch hier gibt es viele Gründe.

Auch hier sollte man versuchen, sich im Guten zu trennen: Vielleicht geht es mit dem neuen Sugarbabe doch nicht auf Dauer gut, vielleicht lässt sich die Gattin dann doch scheiden (und der Sugardaddy braucht jemand, der ihn tröstet – wenn er sich das dann noch leisten kann...). Und vielleicht möchte man sich einfach nur die Option offen halten, in einem Jahr dann anzufragen, wenn man jemand mit Beziehungen braucht, oder einfach nur jemand, der einem einen guten Anwalt empfehlen kann.

Trennung im Konfliktfall

Es gibt natürlich auch Fälle, in denen man sich gar nicht „im Guten" trennen möchte. Die häufigsten Gründe dürften sein, dass der Betreffende gewalttätig geworden ist, bei der Zuwendung rumgezickt oder einen vor Dritten bloßgestellt hat. Das wären dann auch Gründe, einen entsprechenden Eintrag im Sugar-Forum zu hinterlassen, damit andere gewarnt sind.

141

Ansonsten sollte man eher versuchen, einen Konflikt nicht zu eskalieren. Menschen, die sich zumindest halbwegs gut kennen, können meist einander sehr weh tun, ohne dass irgendjemand einen Vorteil davon hat. Ja, das Sugarbabe könnte die Gattin des Sugardaddys informieren, der steckt das dann seinerseits den Eltern vom Sugarbabe – dann haben viele Leute viel Ärger. Aber wo soll der Vorteil liegen?

„Upgrade" zu einer privaten Beziehung

Bisweilen wird eine SB/SD-Beziehung auch dadurch beendet, dass daraus eine rein private Beziehung wird. Gerade dann, wenn eigene Kinder geplant sind, ist ein gut verdienender Vater immer eine Option.

Hinweise für Sugardaddys

5

Dieses Kapitel richtet sich an die Sugardaddys. Die Hinweise für Sugarbabes finden sich im vorherigen Kapitel (Ladys first...).

Ein Hinweis zur Pluralbildung: *Daddies* ist eine alte Schreibweise von *Daddys*. Sie ist nach der reformierten Rechtschreibung von 1996 nicht mehr korrekt (https://de.wiktionary.org/wiki/Daddies).

Voraussetzungen

Zwingende Voraussetzung, um ein Sugardaddy sein zu können, ist neben der Volljährigkeit eine gewisse finanzielle Potenz. Pro Monat sollte man mindestens 500,- Euro für Sugarbabes und Nebenkosten ausgeben können, deutlich mehr wäre besser.

Um gleich mit einem möglichen Vorurteil aufzuräumen: Sugardating ist keine besonders günstige Möglichkeit, mit attraktiven jungen Frauen Sex zu haben, sondern eine vergleichsweise teure.

Wenn wir vom Minimum-Betrag von 500,- Euro pro Monat ausgehen, dann kann man damit

- In einem Laufhaus (je nach örtlichem Preisniveau, und auch ein wenig abhängig von der Attraktivität der Sexarbeiterin) zwischen 25 und 12 mal Sex haben

- In einem günstigen FKK-Club (inkl. Eintritt) etwa vier Besuche a' zweimal Sex haben

- In einem Premium-FKK-Club (inkl. Eintritt) knapp drei Besuche a' zweimal Sex haben

- mit einem Sugarbabe (je nach Höhe der finanziellen Zuwendung und Kosten für das „Rahmenprogramm") ein- bis zweimal im Monat einen netten Abend verbringen

- Eine Escort-Lady im mittleren Preissegment einmal den Monat für 2 Stunden buchen.

Dennoch gibt es Gründe, sich für das Sugardating zu entscheiden:

- Im Laufhaus gibt es halt nur Massengeschäft.

- In den FKK-Clubs ist der überwiegende bis weit überwiegende Anteil der Frauen aus Rumänien und Bulgarien, das kann auf die Dauer wirklich ein wenig „einseitig" werden, zumal auch dort der Service in Richtung Massengeschäft tendiert. Hinzu kommt, dass die Sprachkenntnisse der Clubdienstleisterinnen meist auch begrenzt ist.

- Manche Männer können es sich aufgrund ihrer beruflichen oder gesellschaftlichen Stellung nicht leisten, in einem entsprechenden Etablissement gesehen zu werden. Im Vergleich zu einer Escort-Lady sind die Kosten des Sugardatings dann schon wieder erträglich.

- Zu einem Sugarbabe hat man eine deutlich engere Beziehung als zu einer Sexarbeiterin. Gerade Männer, denen es weniger an Sex als an Nähe fehlt, sind hier richtig.

Und selbstverständlich lassen sich die oben genannten Optionen vielfältig miteinander mischen.

Die finanzielle Potenz ist zwar eine zwingende Voraussetzung, es sollten aber auch weitere Voraussetzungen gegeben sein:

- Bei der Suche nach dem passenden Sugarbabe ist eine erprobte Frustrationstoleranz enorm hilfreich. Von Glücksfällen abgesehen schaltet man mehr als 100 Profile frei und trifft sich mit mehr als 10 Kandidatinnen auf ein Kennenlerntreffen, bis man „sein" Sugarbabe gefunden hat. (Die genannten Zahlen beziehen sich auf echte SB/SD-Beziehungen. Sucht man lediglich die als Sugarbabe getarnten (Gelegenheits-) Prostituierten, wird man deutlich schneller fündig.)

Während der Suche gibt es vielfältige Gelegenheiten, sich zu ärgern: Profile, die entgegen der Angaben dann doch nur überteuerte Bilder verkaufen wollen, Kandidatinnen, die kurzfristig absagen oder kommentarlos gar nicht erscheinen, und so weiter und so fort.

■ Um echte Sugarbabes an sich zu binden, reicht Geld alleine definitiv nicht. Erforderlich ist auch die Sympathie ihrerseits. Dafür sind Freundlichkeit, Respekt, Umgangsformen, Eloquenz, Bildung und Hygiene hilfreich.

Sugarbabes

Die Personen, die sich auf einschlägigen Plattformen als Sugarbabe anmelden, sind sehr unterschiedlich und haben unterschiedliche Interessen. Wir wollen hier kurz betrachten, welche Gruppen es da gibt und wie sich diese erkennen lassen.

„Nur-mal-Schauer"

Diese Personengruppe möchte sich nur mal umsehen. Das können Sugardaddys sein, die lediglich überprüfen wollen, wie ihr Profil den Sugarbabes angezeigt wird, das können Frauen sein, sie von der Seite gehört haben, und sich das erst mal ansehen wollen, bevor sie überhaupt darüber nachdenken, ob sie ein Profil anlegen wollen. Dazu gehören auch Frauen, die sich nur für den eigenen "Marktwert" interessieren und mal schauen wollen, welche Angebote sie so bekommen.

„Nur-mal-Schauer" erkennt man an

■ einem nur wenig ausgefüllten Profil

■ Meist keinem Profilbild

■ Teilweise werden die Profile schnell wieder gelöscht, teilweise nur kurz verwendet und antworten dann nicht mehr.

Vorsicht: Schwer von ganz neuen Profilen zu unterscheiden.

145

Fakes

Unter Fakes sollen hier alle subsumiert werden, die in erheblichem Umfang falsche Angaben im Profil haben, zum Beispiel

- Bilder anderer Personen,

- stark abweichendes Alter

- männliches Geschlecht

Fakes haben oft Langeweile, brauchen Aufmerksamkeit oder veralbern gerne andere Menschen.

Im Gegensatz zu den „Nur-mal-Schauern" geben sich die Fakes Mühe beim Erstellen der Profile und sind daher schwerer zu erkennen, zumindest vor der Freischaltung:

- Fakes geben häufiger *Monatliches Budget 500 Euro - 1000 Euro* an.

- Fakes weichen einem persönlichen Treffen aus.

Rinsing-Profile

Rinsing-Profile betreiben Personen beliebigen Geschlechts und Alters, um erotische Bilder von jungen hübschen Frauen zu hohen Preisen zu verkaufen (auf entsprechenden Webseiten bekommt mal Bilder kostenlos oder zu weniger als 1 Cent pro Bild, bei Rinsing sind durchaus 5,- Euro pro Bild und mehr üblich).

Rinsing hat klar deutlich mehr Angebot als Nachfrage, entsprechend hartnäckig betreiben solche Profile Marketing. Häufig geben solche Profile gar nicht mehr *Rinsing* an, sondern zum Beispiel *SB/SD-Beziehung*, um nach der Freischaltung dann mit irgend einer halbwegs gut erdachten Story zu erklären, warum es „erst mal" nur Bilder zu hohen Kosten gibt, und danach könne man sich ja treffen. (Der Anteil der Profile, bei denen dann tatsächlich persönliche Treffen möglich sind, dürfte überschaubar sein.)

Am ehrlichsten sind noch die Profile, die gleich deutlich darauf hinweisen, dass sie nur Rinsing anbieten.

Sofern nicht gleich ehrlich darauf hingewiesen wird, erkennt man vor der Freischaltung solche Profile nur schwer:

- Die Angabe *Rinsing* ist häufig so zu verstehen, dass nur Rinsing angeboten wird, egal, was sonst noch so angegeben wird.

- Rinsing-Profile sind überproportional häufig allgemeine Profile mit viel Bla-Bla im Profiltext.

Nach der Freischaltung erfährt man dann meist recht schnell, dass es sich um ein Rinsing-Profil handelt.

(Gelegenheits-) Prostituierte

Die Umsetzung der ProstSchG hat dazu geführt, dass zahlreiche Gelegenheits-Prostituierte die Anmeldepflicht dadurch zu umgehen versuchen, dass sie sich nun als Sugarbabe bezeichnen und auf entsprechenden Plattformen suchen. Hinzu kommen die ganzen Vollprofis, die traditionell immer dann, wenn es gerade nicht so gut läuft, über *mysugardaddy.de* Sekundär-Marketing betreiben (und üblicherweise dann höhere Preise als von ihren „normalen" Kunden verlangen).

Gegen Prostitution ist nichts einzuwenden. Aus Sicht des Kunden ist es jedoch wenig sinnvoll, solche Profis, die man anderswo günstiger bekommt, auf Sugardating-Portalen kostenpflichtig freizuschalten. Etwas anders sieht es bei Gelegenheits-Prostituierten aus – hier kann man mit etwas Geduld und Glück bei der Suche manch echten Glücksgriff tun.

Vollprofis sind halbwegs einfach zu erkennen:

- Überdurchschnittlich freizügige Bilder, häufig auch recht viele Bilder

- In den Profiltexten wird eine Dienstleistung angeboten, keine Beziehung gesucht

- Die Angabe *Monatliches Budget 2000 Euro - 5000 Euro* ist überdurchschnittlich häufig

- Formulierungen wie *wir wissen doch beide, warum wir hier sind* oder der Begriff *Taschengeld* (meist in der Abkürzung *TG*) ist typischer Sprachgebrauch von Prostitutierten.

- Nach einer Freischaltung kommt die Sprache schnell auf das Geld.

Prostituierte werden für ein Kennenlerntreffen ein „TG" haben wollen, das nur wenig unter den regulären Preisen liegt. Um die Profis sicher auszusortieren fordert man einfach ein unbezahltes Kennenlerntreffen. Echte Sugarbabes haben daran auch Interesse, Gelegenheits-Prostituierte werden das eher selten machen, Profis definitiv nie.

Beziehungssuchende

Vergleichsweise selten, aber durchaus auch vorhanden, sind Frauen, die eine „ganz normale" Beziehung suchen. Dass sie ausgerechnet auf *mysugardaddy.de* und ähnlichen Plattformen suchen, kann unterschiedliche Gründe haben:

- Die Männer auf Sugardating-Plattformen sind im Schnitt älter und finanziell besser gestellt als der Durchschnitt der Bevölkerung. Wer gezielt nach solchen Eigenschaften sucht, ist hier nicht falsch.

- Bei manchen Frauen tickt schlicht die biologische Uhr und sie suchen einen Vater für ihr Kind. Auf Sugardating-Plattformen ist die Wahrscheinlichkeit höher, dass der Betreffende dann auch Alimente bezahlen kann.

- So manche Prostituierte sucht bei Annäherung oder Überschreiten der "Knackigkeits-Grenze" eine Exit-Strategie. Einkommensstarke Männer mit nicht ganz so hergebracht strengen moralischen Vorstellungen sind da durchaus willkommen.

Tatsächlich Beziehungssuchende sind in der Mehrheit über 30 Jahre alt. Die Unterscheidung zu echten Sugarbabes ist meist ebenso schwierig wie die saubere Abgrenzung.

Echte   Sugarbabes

Echte Sugarbabes sind die „Nadel im Heuhaufen", von denen es so wenige gibt und die so oft gesucht werden. Ihr Anteil bei *mysugardaddy.de* dürfte unter 5% liegen – und bei anderen Plattformen noch geringer sein.

Um echte Sugarbabes zu finden, muss man viele Mädels daten, die grundsätzlich infrage kommen würden, und dann die aussortieren, die keine echten Sugarbabes sind.

Vor der Freischaltung sind echte Sugarbabes schwer von den anderen Gruppen zu unterscheiden, da andere Gruppen (insbesondere Fakes und Rinsing-Anbieter) sich wie Sugarbabes verhalten, um öfters freigeschalten zu werden.

Am besten filtert man mit dem Vorschlag eines baldigen (unbezahlten) Kennenlerntreffens. "Nur-mal-Schauer", Fakes und Rinsing-Profile treffen einen nicht, Prostituierte nicht unbezahlt (allenfalls einige wenige Gelegenheits-Prostituierte, die ohnehin fast echte Sugarbabes sind).

Das Profil

Wer im deutschsprachigen Raum ernsthaft Sugardating betreiben möchte, kommt derzeit an *mysugardaddy.de* kaum vorbei. Diese Plattform ist weder von den Kosten noch vom Anteil echter Sugarbabes her zufriedenstellend, aber immer noch besser als alle anderen Alternativen.

Sofern man nicht über andere Kanäle Kontakt zu interessierten Sugarbabes erhalten kann, beginnt ernsthaftes Sugardating damit, sich dort ein Profil anzulegen.

Die Grundstrategie

Bezüglich des Profils gibt es zwei Grundstrategien: „Finanzstark" und „bescheiden".

■ Bei der Grundstrategie „finanzstark" tritt man so auf, dass man die eigene finanzielle Potenz in den Vordergrund stellt. Typisch sind da Bilder vor einem teuren Auto oder einer großen Villa und entsprechende Angaben im Profil.

■ Bescheidene Profile lassen den Aspekt der finanziellen Leistungsfähigkeit außen vor. Man versucht eher, den Eindruck zu erwecken, man sei ein besonders sympathischer Mensch.

Welche Grundstrategie erfolgreicher ist, hängt auch vom Ziel ab. Wer vor allem seinen Spaß haben möchte, wem es egal ist, ob die Frau jetzt ein echtes Sugarbabe oder doch eher eine Gelegenheits-Prostituierte ist, der kann mit der Grundstrategie „finanzstark" durchaus sehr erfolgreich sein. Vorausgesetzt natürlich, er kann dann auch „liefern".

Schwieriger wird es, wenn die finanzielle Potenz nicht dem Profil entspricht. Es gibt auch immer Mädels, die naiv sind, und es kommen auch immer neue nach. Aber die Mehrheit weiß sehr wohl, zwischen schönem Schein und realen Fakten zu unterscheiden oder lernt es zumindest dann, wenn sie dem ersten Blender aufgesessen sind.

Profile der Grundstrategie „finanzstark" ziehen naturgemäß überdurchschnittlich diejenigen (echten und unechten) Sugarbabes an, die hohe materielle Erwartungen haben. Sofern man solche Ansprüche dann auch bedienen kann und möchte, muss das nicht verkehrt sein.

Ein bescheidenes Profil empfiehlt sich dann, wenn man etwas weniger „Geldautomat" sein möchte und die Beziehung etwas mehr „auf Augenhöhe" führen möchte. Nach meiner Erfahrung sind die Mädels dann im Durchschnitt etwas weniger hübsch und etwas weniger arrogant – in der Kombination muss das kein Nachteil sein. Mit einem bescheidenen Profil investiert man etwas weniger Geld, aber dafür etwas mehr Zeit in die Suche – ob das ein vorteilhafter Tausch ist, hängt von der persönlichen Lebenssituation ab.

Der Profilname

Der ideale Profilname dürfte längst belegt sein, es bleiben Kompromisse:

▦ Klassiker ist die Kombination eines männlichen Vornamen (der nicht der eigene sein muss, Diskretion und so…) und einer Zahl, häufig des Geburtsjahres oder dem Alter bei der Anmeldung (was spätesten nach einem Jahr veraltet ist). Denkbar sind auch Kombinationen mit dem Städtenamen (*Werner_FFM, BrunoHH, StefanMuc*)

▦ Möglich sind auch deskriptive Namen wie *ItalianDaddy* oder *OldBlueEyes*, ohnehin scheinen Anglizismen in zu sein.

▦ Mit dem Profilnamen können hohe Erwartungen bezüglich der Zuwendung geweckt werden (*ErfolgreicherUnternehmer, GroßzügigerSpender, CashForYou*), das passt nur zur Grundstrategie „finanzstark".

▦ Von Profilnamen mit sexuellem Bezug würde ich abraten (bei echten Sugarbabes gibt das eher Minuspunkte, bei (Gelegenheits-) Prostituierten braucht man das nicht, die nehmen jeden, sofern die Kasse stimmt).

Die Fotos

Sugardaddys sind oft in einer beruflichen, gesellschaftlichen oder familiären Position, zu der es nicht passt, auf einem Sugardating-Portal erkannt zu werden. Da sie ohnehin die Initiative beim Kontaktieren ergreifen müssen, sind auch Profile ohne Bilder denkbar.

Sofern man es sich leisten kann, auf einem Sugardating-Portal erkannt zu werden, verwendet man Bilder, die möglichst Seriosität ausstrahlen. Für die Grundstrategie „finanzstark" sollen sie in die entsprechende Richtung gehen: Adäquat gekleidet, vielleicht vor einem schicken Auto oder einer großen Villa.

Von körperbetonten oder erotischen Bildern würde ich absehen, das wird ganz schnell peinlich. Im amerikanischen Raum ist es auf Twitter üblich, dass suchende Sugardaddys Bilder von Geldscheinen tweeten. Im deutschsprachigen Raum ist so etwas unüblich und ich rate davon ab.

Von Bildern mit schwarzen Balken oder verpixelt ist auch abzuraten. Entweder man kann gute Bilder veröffentlichen, oder man lässt es ganz. Denkbar ist auch der Zwischenweg, dass es Bilder auf Anfrage gibt. Dann kann man erst mal sehen, wer anfragt – das kann aber auch ein Fake-Profil sein.

Manche Sugardaddys veröffentlichen Bilder von einem schicken Auto, einer Yacht, selbst Bilder von einem Teich mit Koi-Karpfen habe ich schon gesehen. Zu einer Grundstrategie „finanzstark" mag das noch passen, die Grenze zum vulgären Protzen wird aber nicht immer erkannt oder beachtet.

Im Marketing gibt es die Weisheit, dass *der Wurm dem Fisch schmecken muss, nicht dem Angler*. Die Bilder sollten also den gesuchten Sugarbabes gefallen, sie müssen nicht unbedingt die persönlichen Lieblingsfotos sein. Um heraus zu finden, welche Bilder ankommen, kann man bei den ersten Dates einfach mal beiläufig nachfragen

Die   Profilinformationen

Neben dem Profiltext gibt es noch viele weitere Profilinformationen, nach denen teilweise auch gefiltert werden kann. Vieles davon ist selbsterklärend.

- *Geburtstag* wird nicht direkt angezeigt, es wird daraus das aktuell angezeigte Alter berechnet. Der Geburtstag wird jedoch verschiedentlich verwendet, um am Telefon oder im Internet die Person zu verifizieren. Das eingegebene Datum kennt jedoch nicht nur der Betreiber, sondern es lässt sich recht einfach ein Crawler programmieren, der das Geburtsdatum aus dem Wechsel des angezeigten Alters ermittelt. Von daher kann man das auch sicherheitshalber um ein paar Tage abweichend eingeben.

- Ist man selbst Nichtraucher, dann gibt man das auch ein – ansonsten je nach persönlicher Vorliebe.

- Mit der Grundstrategie „bescheiden" gibt man unter *monatliches Budget* stets *das kommt ganz darauf an* ein und kommuniziert seine Vorstellungen im Laufe eines Kennenlerntreffens. Das jährliche Einkommen ist stets *ausreichend*, auch die Frage nach dem Vermögen beantwortet man nicht konkret – schon deswegen nicht, damit das in einem eventuellen Unterhaltsprozess nicht gegen einen verwendet wird.

- Mit der Grundstrategie „finanzstark" gibt man unter *monatliches Budget* stets *2000 Euro - 5000 Euro* an, die Fragen nach *Einkommen* und *Vermögen* beantwortet man da wahrheitsgemäß (die Sache mit dem eventuellen Unterhaltsprozess ist dann halt „Betriebsrisiko").

- *Beruf* muss man nicht angeben, die Liste ist auch nicht hinreichend gut sortiert – gegebenenfalls sucht man sich das Nächstliegendste.

- *Freizeitbeschäftigung* und *Sport* kann man ausfüllen, muss man aber nicht.

- Es werden nur die Sprachen angegeben, die man bereit ist, mit seinem Sugarbabe zu sprechen.

- Ob man die *persönlichen Fragen* beantworten möchte, ist eine Frage des Geschmacks.

Was suchst Du bei uns?

Die möglicherweise wichtigste Information ist die, was man denn überhaupt sucht. Auch hier kann man viel richtig oder auch falsch machen.

- *Flirt* sind unverbindliche Online- oder Offline-Kontakte, ohne dass daraus Weiteres entsteht. Diese Option eignet sich vielleicht für verheiratete Sugardaddys, damit sie sich bei Bedarf auf die Behauptung zurückziehen können, dass da doch gar nichts Schlimmes passiert.

▪ *Erotischer Kontakt* und *One-Night-Stand* verwendet man, wenn man eher (Gelegenheits-) Prostituierte sucht.

▪ *Beziehung* ohne die Kombination mit *SB/SD-Beziehung* ist die klassische persönliche Beziehung ohne Zuwendung, möglicherweise aber mit einem deutlich älteren Partner, möglicherweise auch mit einem einkommensstarken Partner. In Kombination mit *SB/SD-Beziehung* rückt es diese ein wenig weg von Gelegenheitsprostitution hin zu einer persönlichen Beziehung, könnten aber auch Zweifel an der Zahlungsbereitschaft wecken.

▪ Die *SB/SD-Beziehung* ist das klassische Sugardating. Mit weiteren Optionen kann es in eine gewisse Richtung gerückt werden.

▪ *Ausgehen/Shoppen* ist in dieser Kombination eher unglücklich. Das spricht nicht nur die Mädels an, die einem beim Dinner Gesellschaft leisten, sondern auch diejenigen, die sich jemand suchen, der ihnen die ganzen Einkäufe bezahlt – die materielle Erwartungshaltung ist da manchmal – nun ja – beeindruckend.

▪ *Rinsing* gibt man an, wenn man für Bilder viel Geld ausgeben möchte.

Der Profiltext

Braucht es einen Profiltext (bei mysugardaddy.de *Flirttext* genannt)? Ganz klar ja.

▪ Zunächst dient der Profiltext als Nachweis, ein paar Sätze in brauchbarem Deutsch formulieren zu können. Klassische SB/SD-Beziehungen sind nicht beschränkt auf reine sexuelle Handlungen, die Sugarbabes sind häufig Studentinnen und suchen auf einem gewissen Niveau – man soll sich ja später auch unterhalten können.

154

- Bei der Grundstrategie „finanzstark" besteht da die Möglichkeit, die eigene Großzügigkeit herauszustellen. Bei bescheidenen Profilen nutzt man die Chance, sich als besonders sympathisch darzustellen.

- Bestehen „logistische Einschränkungen" (z.b. *kann nur am Wochenende* oder umgekehrt *kann immer nur unter der Woche*), so kann man die gleich mitteilen, damit lässt sich manche Kommunikation abkürzen.

Ansonsten besteht die Herausforderung, bei Profiltext alles weg zu lassen, was ungeschickt ist.

- Aus vielen Profiltexten spricht der Frust über das Verhalten der Frauen auf der Plattform. Das ist doppelt ungeschickt: Erstens törnt so etwas ab, zweitens denkt sich auch noch die Hälfte, dass es dafür Gründe geben wird, die in der Person des Profilinhabers liegen.

- Den Hinweis, dass man nicht an *Rinsing* interessiert ist, kann man sich auch sparen. Rinsing-Anbieter lesen in der weit überwiegenden Mehrheit keine Profiltexte, sondern arbeiten auf eine Freischaltung hin.

- Keine Publikumsbeschimpfung. *Die Hälfte sind ja ohnehin nur Nutten* darf man meinetwegen denken (auch das wäre sachlich falsch, dafür ist der Anteil der Fakes viel zu hoch), aber man hüte sich davor, solche Gedanken auch nur in die Nähe einer Formulierung zu lassen.

- Auch Hinweise, die auf eine gewisse Gewaltaffinität schließen lassen (wörtlich aus einem Profiltext: *Dem Löwen ist es egal, was die Schafe über ihn denken*), sollte man lieber sein lassen. Schon deswegen, um die Ladies nicht unnötig zu verschrecken. (Und gleich gar nicht möchte man das bei einem Vergewaltigungsvorwurf (ob zutreffend oder erfunden) als Screenshot in der Ermittlungsakte haben...).

- Kein ernsthaftes Profil wird sich als *unehrlich*, *unsympathisch*, oder *wenig großzügig* beschreiben. Also kann man das Gegenteil auch weglassen.

155

Kontaktaufnahme

Üblicherweise verläuft die Kontaktaufnahme „klassisch" – der Sugardaddy kontaktiert und das Sugarbabe wartet darauf, kontaktiert zu werden.

Damit die Chat-Funktion bei *mysugardaddy.de* genutzt werden kann, muss der Sugardaddy erst 5 oder 20 Credits investieren (je nach VIP-Status) und das Sugarbabe freischalten. (Theoretisch könnte auch das Sugarbabe den Sugardaddy freischalten, aber üblich ist das nicht.)

Hier gibt es wieder zwei grundsätzliche Strategien:

- Alle Profile, die interessant sind, werden freigeschaltet und angeschrieben. Das ist auch ein wenig Statement in die Richtung *über ein bis zwei Euro für die Credits brauche ich nicht nachzudenken.*

- Mit Hilfe der Fragen-Funktion oder der Küsschen wird erst mal das Interesse des Gegenübers erkundet – und nur, wenn das grundsätzlich vorhanden ist, erfolgt eine Freischaltung.

Ganz klarer Fall: Zur Grundstrategie „finanzstark" passt nur die sofortige Freischaltung. Man schaltet dann halt auch viele Profile frei, die überhaupt kein Interesse haben (z.B. andere Sugardaddys, die einfach mal schauen wollen) – das läuft dann halt unter *Sponsoring des Plattformbetreibers.*

Ein bescheiden auftretendes Profil darf vorher das Interesse erkunden. Die ganzen Fakes, Sexarbeiterinnen und Rinsing-Profile werden zumindest zum überwiegenden Teil zusagen, dagegen viele echte Sugarbabes die Fragen gar nicht erst beantworten, da sie ohnehin hinreichend oft angeschrieben werden. Und wenn die Frage *möchtest Du mich kennenlernen* mit *Ja* beantwortet wird, heißt das noch lange nicht, dass dann im Chat geantwortet wird.

Der langen Rede kurzer Sinn: Die Fragen-Funktion nutzt in den wenigsten Fällen etwas.

Küsschen

Man kann an Sugarbabe-Profile *Küsschen* schicken und so Interesse signalisieren. Zur Kontaktaufnahme lässt man das lieber sein. Später taugt das allenfalls dazu, sich mal wieder in Erinnerung zu rufen.

Auch Sugarbabes können Küsschen versenden und so auf sich aufmerksam machen. Das nutzen überdurchschnittlich häufig Fakes und Rinsing-Profile, oft werden da gleich alle Profile „durchgeknutscht". Solche Profile kann man eigentlich gleich blocken.

Wenn nach einer Kontaktaufnahme ein Sugarbabe ein Küsschen sendet, ist das ok, und man darf sich dann überlegen, ob man nicht vielleicht darauf reagieren möchte.

Fragen beantworten

Man kann auch ohne Freischaltung an andere Profile Fragen schicken. Die Fragen sind auf einen Fragenkatalog mit (derzeit) 30 Fragen beschränkt, die sich mit *Ja, Vielleicht* oder *Nein* beantworten lassen. Allzu viel kann man mit diesen Fragen nicht klären (der Plattformbetreiber möchte ja auch seine Credits verkaufen), aber man kann versuchen, damit abzuklären, ob überhaupt gegenseitiges Interesse besteht.

Wie vorhin bereits beschrieben: Zur Vorfilterung taugt das sehr wenig. Auch umgekehrt ist die Sache schwierig: Sugarbabe-Profile, die von sich aus die Initiative ergreifen und eine Frage stellen, sind meist alles Mögliche, nur keine echten Sugarbabes. Ausnahmen sind primär dort zu beobachten, wo solche Profile nicht so attraktiv sind und somit nicht so viel Zulauf haben, zum Beispiel, wenn das Sugarbabe schon etwas älter ist.

Wie auch an anderer Stelle: Die eingehenden Fragen sind ein Heuhaufen, in dem sich ab und an eine Nadel findet. Ansehen kann man sich das Profil ja mal.

Chat

Der nächste oder gleich der erste Schritt ist die Freischaltung und dann die Kontaktaufnahme im Chat. Hier können nun beliebige Fragen gestellt und beliebige Antworten gegeben werden. Insbesondere können auch Kontaktdaten ausgetauscht werden.

Ist das angeschriebene Profil erkennbar eine Sexarbeiterin, so darf man direkt in die „Vertragsverhandlungen" einsteigen.

Die meisten Profile geben sich als Sugarbabe aus und werden bei den Zuschriften mehrheitlich so behandelt, als wenn sie Prostituierte sind. Hier kann man sich positiv vom Durchschnitt abgrenzen, indem man sie eben nicht so behandelt – vor allem, indem die Fragen Sex und Geld im Chat komplett Tabu sind. Handelt es sich dann doch um Sexarbeiterinnen, werden sie schnell die Frage nach „TG" stellen – dann darf man auch dieses Thema aufgreifen.

Generell sollte man versuchen, auf das einzugehen, was man im Profil gelesen hat. Damit beweist man, dass man das Profil überhaupt gelesen hat, und sich jetzt die Zeit nimmt, einen passenden Text dazu zu formulieren, und nicht einfach seinen Standardtext copypastet. Das ist auch eine Frage des Respekts, den man an dieser Stelle unter Beweis stellen kann.

Die Schwierigkeit dabei ist, dass man oft nur *Leider hat das Mitglied noch keinen Flirttext eingegeben* liest – oder einen Profiltext, der nicht viel aussagekräftiger ist. Da könnte man sich jetzt schon die Mühe machen, sich jedes Mal einen individuellen Text auszudenken – dieser würde jedoch nicht als solcher erkannt werden, das kann man sich auch sparen.

Der Standardtext

Der Standardtext ist der Text, mit dem man andere Profile anschreibt, sofern sich dort keine Anknüpfungspunkte für einen individuellen Text bieten.

Wie der Standardtext zu formulieren ist, hängt davon ab, welche Ziele man verfolgt, und was bereits im Profil steht. Nehmen wir mal an, man ist an echten Sugarbabes interessiert und möchte andere Profile möglichst rasch ausfiltern, weil die einem nur Zeit und Nerven stehlen.

Die wohl am meisten Erfolg versprechende Taktik dürfte sein, rasch ein unbezahltes Kennenlerntreffen anzubieten. Nur-mal-Schauer, Fakes und Rinsing-Profile kommen nicht zu Kennenlerntreffen, Sexarbeiterinnen (in der weit überwiegenden Mehrheit) nicht unbezahlt.

Es bleiben diejenigen, die eine konventionelle Beziehung suchen. Das haben sie meist schon im Profil deutlich gemacht, und selbst wenn nicht: Solange man jetzt nicht gerade einen Bezahlfetisch hat, stören diese Frauen ja nicht.

Von daher könnte ein Standardtext wie folgt formuliert werden: *Hallo $PROFILNAME, ich würde Dich gerne näher kennenlernen. Wollen wir uns demnächst mal ganz unverbindlich in einem Restaurant treffen, lecker was essen, über dies und das plaudern und schauen, ob "die Chemie stimmt"?*

Darauf sind nun die unterschiedlichsten Reaktionen zu erwarten. Im erfreulichsten Fall sagt die Betreffende zu und man kann gleich dazu übergehen, Ort und Zeit zu klären. Manche Sugarbabes versuchen auch erst mal, ein paar Details zu klären – selbst wenn der Sugardaddy die Gastronomierechnung übernimmt, kosten solche Kennenlerntreffen ja zumindest Zeit.

Manchmal kommt auch ganz direkt die Frage, wie viel „Taschengeld" es denn geben würde. Solche Fragen kommen fast immer von Sexarbeiterinnen. Es kann aber das eine oder andere Sugarbabe darunter sein, das die Gepflogenheiten noch nicht so recht kennt, von daher hat man für diesen Fall eine Standardantwort, die freundlich erklärt, dass man selbstverständlich die Gastronomierechnung übernimmt, dass es aber für das Sugarbabe keine Zuwendung gibt. Das wird in den meisten Fällen nicht akzeptiert werden, für Sexarbeiterinnen gilt halt *Zeit ist Geld* – aber die möchte man ja auch aussortieren.

WhatsApp

Es ist nicht unüblich, während der Kontaktaufnahme auf einen anderen Messenger zu wechseln, meistens *WhatsApp*. Das hat den großen Vorteil, dass man auch mal schnell eine Sprachnachricht senden kann, wenn man nicht gerne tippt.

Zudem geben Fakes deutlich seltener ihre Telefonnummer heraus, und wenn man bei einer Sprachnachricht eine weibliche Stimme hört, dann steckt hinter dem Profil mit großer Wahrscheinlichkeit kein Fake.

Das Problem dabei ist: WhatsApp ist eine ziemliche Datenkrake. Und auch dann, wenn die Konversation verschlüsselt ist – durch das Auslesen aller Kontakte und Aufbau eines Kommunikationsprofils (Kommunikation mit vielen Prostituierten) ist man schnell in eine Schublade gesteckt, in die man nicht möchte. Und würde seine anderen Kontakte auch in zumindest die Nähe einer Schublade bringen, in welche die auch nicht möchten.

Die Lösung dieses Problems liegt darin, dass ein Zweihandy besorgt wird, das ausschließlich fürs Sugardating verwendet wird. Dafür reicht ein Prepaid-Vertrag, im Idealfall nutzt man das ja nicht lange. Mit dieser Nummer kann man dann recht freizügig umgehen – wenn es zu Problemen kommt, legt man diese Nummer still und besorgt die nächste Karte.

Verhalten im Chat

Es empfiehlt sich, im Chat stets freundlich und gelassen zu reagieren: Mit Freundlichkeit und ein wenig Geld kommt man weiter als mit Unfreundlichkeit und viel Geld - zumindest dann, wenn man es auf echte Sugarbabes abgesehen hat (bei professionellen Sexarbeiterinnen ist es exakt umgekehrt).

Das gilt auch dann, wenn die Gegenseite im Chat unfreundlich, arrogant oder maßlos wird und ohnehin nicht mehr fürs Sugardating infrage kommt: gewitzte Sugarbabes legen sich ein oder mehrere Zweitprofile an und fühlen den Sugardaddys, an denen sie interessiert sind, gerne mal ein wenig „auf den Zahn".

Ein solches Verhalten ist zwar nicht erfreulich, da es die Kosten für die Freischaltung nach oben treibt, aber ändern kann man das ohnehin nicht, also macht man das Beste daraus. Und das Beste ist in diesem Fall: Betont freundlich und gelassen antworten – und wenn das im Moment nicht möglich ist, dann schläft man halt eine Nacht drüber.

Kennenlerntreffen

Erst bei einem Kennenlerntreffen kann man sich sicher sein, dass man nicht die ganze Zeit mit einem Fake kommuniziert und die veröffentlichten Bilder irgend etwas mit der Realität zu tun haben. Genaugenommen noch nicht mal dann – das vorgebliche Sugarbabe könnte ja auch eine Soziologie-Studentin sein, die gerade für ihre Bachelor-Arbeit Feldforschung betreibt; aber das Risiko, immer noch einem Fake aufzusitzen, ist überschaubar.

Auch echte Sugarbabes haben ein Interesse an einem baldigen Kennenlerntreffen – diese suchen ja nicht einen primär finanzkräftigen, sondern einen primär sympathischen Sugardaddy, und ob „die Chemie stimmt" lässt sich im persönlichen Gespräch viel leichter herausfinden als in einem Chat (wo beide Seiten auch immer damit rechnen müssen, gerade mit einem Fake zu kommunizieren und deswegen etwas vorsichtiger sind).

Telefonieren?

An dieser Stelle können wir es kurz machen: Nein.

Ein Kennenlerntreffen lässt sich nicht durch ein Telefonat ersetzen, nicht bei klassischem Sugardating. Es geht um eine persönliche Beziehung, da spielt die Optik eine große Rolle (es sei denn, die Beteiligten sind blind oder stark sehbehindert), anhand von Fotos lässt sich das nicht beurteilen, selbst dann nicht, wenn diese nicht vorteilhaft oder schon älter sind. Und weil eben diese optische Komponente noch ungeklärt ist, wird es auch beim Aufbau eines Vertrauensverhältnisses schwierig.

Nach meiner Erfahrung ist es sogar meist kontraproduktiv, vor dem Kennenlerntreffen länger zu telefonieren: Man erzählt sich zu viel und hat dann beim Kennenlerntreffen sich zu wenig zu sagen. Kurze Telefonate, um Details des Kennenlernteffens zu klären, sind unproblematisch, Sprachnachrichten sind besser. Auf keinen Fall klärt man so Dinge wie die Höhe der Zuwendung.

Ort und Zeit für das Kennenlerntreffen

Ein Kennenlerntreffen findet schon aus Gründen der Sicherheit des Sugarbabes immer in einer gastronomischen Einrichtung statt. Hier besteht dann ein kleiner Zielkonflikt: Einerseits sind wegen der Sicherheit gut frequentierte Restaurants in zentraler Lage sinnvoll, andererseits möchte man aus Gründen der Diskretion vielleicht nicht zu viele Zuhörer haben. In den anonymen Großstädten ist das einfacher als auf dem Land.

Im einfachsten Fall kommen beide Beteiligten aus derselben Stadt (oder zumindest deren ÖPNV-Bereich). Wenn nicht, dann ist es üblich, dass der Sugardaddy zum Sugarbabe fährt. In diesem Fall kennt sich der Sugardaddy meist nicht ganz so mit der Gastronomie vor Ort aus und ist auf entsprechende Webseiten oder die Empfehlung des Sugarbabes angewiesen. Man kann sich auch erst mal an einem zentralen Platz treffen, gemeinsam entscheiden, worauf man Lust hat, und dann gemeinsam los ziehen.

Eine angemessene Gastronomie-Rechnung liegt (wenn man gemeinsam etwas isst) zwischen 50,- und 150,- Euro. Schlägt man als Sugardaddy etwas vor, was unter 50,- Euro für beide Personen liegt, könnten Zweifel an der Zahlungsfähigkeit entstehen. (Es gibt natürlich Ausnahmen, zum Beispiel, wenn man sich wegen sommerlicher Hitze in einem Eiscafe trifft.)

Bezüglich dem Zeitpunkt schaut man einfach, wann beide Beteiligten Zeit haben. Macht schon hier die Terminfindung Schwierigkeiten, steht die Beziehung insgesamt unter keinem guten Stern.

Für den Sugardaddy gilt Pünktlichkeitspflicht, das Sugarbabe darf einige wenige Minuten später kommen. Wenn man aufgehalten wird (Stau, U-Bahn verspätet sich, etc.), dann teilt man das möglichst rechtzeitig mit. (Von daher hat man die App von *mysugardaddy.de* auf dem Smartphone.)

Die Rechnung

Die Gastronomie-Rechnung übernimmt der Sugardaddy. Und ebenso selbstverständlich: Das Sugarbabe ist dem Sugardaddy dadurch zu nichts verpflichtet.

„Wir zahlen getrennt" ist nur in ganz wenigen Ausnahmefällen eine Option. Konkret:

- Es wurde vor dem Treffen so vereinbart.

- Das Sugarbabe besteht darauf.

- Es stellt sich während des Treffens heraus, dass das Sugarbabe den Sugardaddy in wesentlichen Punkten belogen hat (z.b. bietet nur Rinsing an, obwohl das im Profil nicht angegeben war). Auch das ist sehr selten. Meist betreffen Lügen und „mittelschwere Schwindeleien" Dinge, die das Äußere betreffen – extrem geschönte Bilder, falsche Angaben über die Figur... In diesem Fall fällt das auf, bevor man bestellt. Bestellt man trotzdem, dann gibt es keinen Grund mehr, die Bezahlung der gemeinsamen Gastronomie-Rechnung zu verweigern.

Bezahlung des Kennenlerntreffens

Bei (Gelegenheits-) Prostituierten ist die Sache einfach: *Zeit ist Geld*, und ob der Kunde vögeln oder essen möchte, ist egal. Von daher werden Sexarbeiterinnen vorher nachfragen, wie viel „TG" es gibt oder selbst einen Betrag aufrufen.

Sucht man echte Sugarbabes, dann filtert man die Sexarbeiterinnen dadurch heraus, dass man die Bezahlung solcher Kennenlerntreffen konsequent verweigert. (Und nein, man bietet dann auch nicht von sich aus einen Betrag an, weil dadurch die ganze Beziehung ein Stück mehr in Richtung Prostitution gerückt wird.)

Ein wenig heikel ist immer die Sache mit den real anfallenden Kosten, weil in der Regel einer der beiden Beteiligten in Vorleistung gehen muss, und sich nicht sicher sein kann, dass das Kennenlerntreffen überhaupt zustande kommt.

Real anfallende Kosten sind meist Kosten für die Anreise und Kosten für einen Babysitter (so der erforderlich sein sollte). Kosten für die Anreise löst man in der Regel so, dass der Sugardaddy zum Sugarbabe kommt. Dann ist er womöglich auch vergeblich angereist, das Sugarbabe kann aber keinen finanziellen Gewinn daraus ziehen. Ist der Sugardaddy dazu nicht bereit, trägt er halt die Kosten, auf Wunsch des Sugarbabes per Vorkasse.

Kosten für einen Babysitter sind etwas schwieriger zu sparen. Ja, theoretisch denkbar wäre ein Treffen auf einem Kinderspielplatz oder einem Indoor-Spielplatz, aber die wenigsten Mütter werden ihr Kind bei einem ersten Treffen mit einem ihr unbekannten Mann dabei haben wollen (und wenn die Oma aufs Kind aufpassen soll, stellt die immer so neugierige Fragen...). Hier ist es dann denkbar, dass man noch im Chat sich auf einen Betrag einigt, der den real entstehenden Kosten entspricht, und der Sugardaddy das dann während des Kennenlerntreffens in bar übergibt.

Kleidung

Die eigene Kleidung sollte so gewählt sein, dass sie dem Restaurant angemessen ist, auf jeden Fall aber sauber.

Dem Sugarbabe kann man viel Zeit fürs Nachdenken ersparen, indem man einfach eine entsprechende Vorgabe macht (*Desscode elegant* oder auch *komm, wie Du Dich sonst auch immer kleidest*).

Konversation

Beim klassischen Sugardating dient die Konversation dazu, sich gegenseitig besser kennen zu lernen. Von daher ist ein Gesprächsanteil von 50% ideal, kleine Abweichungen in beide Richtungen unproblematisch.

Reden kann man über vieles: Beruf beziehungsweise Ausbildung, Ziele im Leben, Hobbys und Interessen, Kultur, Sport und auch über die Erfahrungen auf der jeweiligen Dating-Plattform (was oft zunächst das einzige Verbindende zwischen den beiden Beteiligten ist). *Politik* und *Religion* lässt man besser außen vor oder streift das allenfalls am Rande.

Über Geld und sexuelle Interessen spricht man spät (frühestens beim Desert, das Thema sollte vom Sugardaddy angeschnitten werden, und zwar möglichst beiläufig) und nicht allzu lang (maximal 20% der Zeit). Über andere Details der angestrebten Beziehung (*wie oft treffen wir uns, wann hat wer Zeit, wo können wir uns treffen, wollen wir zusammen verreisen...*) kann man sich länger unterhalten, das zählt nicht zu den 20%.

Echte Sugarbabes werden die Themengebiete *Geld* und *Sex* eher nicht von sich aus anschneiden, sondern dem Sugardaddy die Initiative überlassen. Dieser kann dann dadurch, dass er diese Themen nicht anspricht, ganz dezent signalisieren, dass er an einer Fortsetzung nicht interessiert ist.

Unangenehme Fragen muss man nicht beantworten, insbesondere besteht man selbst nicht auf Antworten, ein Kennenlerntreffen ist kein Verhör. Da darf man immer ausweichen (*lass uns das besprechen, wenn wir uns besser kennen* oder so ähnlich), lediglich nicht dauernd. Was man jedoch sagt, sollte im Großen und Ganzen der Wahrheit entsprechen – alles andere wäre nicht besonders nachhaltig.

An Komplimente werden – wie in privaten Beziehungen so üblich – bezüglich des Wahrheitsgehaltes keine besonders strengen Anforderungen gestellt. Das erste Kompliment macht der Sugardaddy.

Kennenlerntreffen absagen

Die Verlässlichkeit beim Sugardating hat leider massiv „Luft nach oben". Wohl schon jeder – Sugarbabe oder Sugardaddy – der das länger betreibt, dürfte schon mal versetzt worden sein. Von daher bestätigt man sinnvollerweise im Laufe des Tages den Termin (*Bleibt es bei heute Abend 19:00 Uhr Frankfurt Hauptwache?*), das reduziert auch die Wahrscheinlichkeit, dass er schlicht vergessen wird.

Spätestens jetzt sollte man absagen, wenn einem etwas dazwischen ge-kommen ist (oder man kein Interesse mehr hat). Eine Absage braucht nicht begründet zu werden – der unerwartete geschäftliche Termin um 21:00 Uhr wird ohnehin eher nicht geglaubt. Eine möglichst rechtzeitige Absage wird meist mehr geschätzt als ein gut erfundener Grund.

Eine Unart ist es, kommentarlos nicht zu erscheinen (leider auch üblich in der Kombination, den anderen dann gleich zu blocken). So etwas geht gar nicht und verdient einen entsprechenden Eintrag im Sugar-Forum (www.sugar-forum.de).

Fortsetzung

Handelt es sich um (Gelegenheits-) Prostitution, spricht nichts dagegen, vom Kennenlerntreffen direkt ins Hotel (oder wohin auch immer) zu wech-seln, um dort gleich zur Sache zu kommen. (Hier braucht es meist auch gar kein Kennenlerntreffen.)

Beim klassischen Sugardating rate ich davon ab, nicht zuletzt, um sich von (Gelegenheits-) Prostitution abzugrenzen. Meiner Erfahrung nach entstehen nun dann längere Beziehungen, wenn man anschließend getrennt nach Hause geht, und sich beide Seiten die Sache noch mal gründlich überlegen. Kommt es dann zu weiteren Treffen, halten diese im Schnitt deutlich länger.

Und für die Sugardaddys, denen es wichtig ist, dass auch das Sugarbabe seinen Spaß hat (ansonsten könnte man ja auch ins Laufhaus, das wäre deutlich günstiger), tritt noch ein zweiter Punkt hinzu: Diejenigen Sugarbabes, die eigentlich nicht so recht wollen, und mit denen es dann meist nicht so gut wird, filtern sich dann meist selbst heraus.

Das setzt selbstverständlich voraus, dass die eine Seite nicht hemmungslos notgeil ist und die andere Seite kein dringendes finanzielles Problem hat.

Eine Fortsetzung muss nicht direkt ins Bett führen - so manches Sugarbabe muss erst ein wenig „auftauen". So können sich weitere Restaurantbesuche anschließen, man kann aber auch mal ins Theater, in die Oper oder zu einer Vernissage gehen. Hier gelten grundsätzlich dieselben Regeln wie für die

Kennenlerntreffen: Der Sugardaddy übernimmt die Kosten, eine Zuwendung für das Sugarbabe ist jedoch unüblich (oder in deutlich reduzierter Form – schließlich soll es ja noch ein wenig Anreiz geben, einen Schritt weiter zu gehen…).

Nach meiner Erfahrung lohnt es sich, da ein wenig Geduld zu haben. Die besseren Dates sind die mit den Sugarbabes, die noch nicht ganz so erfahren sind, und die brauchen eher etwas „Anlaufphase".

Dating

Der nächste logische Schritt ist, dass man sich irgendwo trifft, wo ein Bett zur Verfügung steht. Das kann beim Sugardaddy oder beim Sugarbabe daheim sein, das kann irgendwo in einem Hotel sein. Die Zusage zu einem solchen Treffen wird üblicherweise als Zusage verstanden, dass es dann zu sexuellen Handlungen kommt – es sei denn, etwas anderes wurde explizit vereinbart. Auch Vorschläge wie *wir treffen uns beim Italiener, essen eine Kleinigkeit, und gehen dann zu mir nach Hause und machen es uns dann gemütlich* oder *wir fahren übers Wochenende an die Ostsee, ich buche uns ein Hotel in Kiel* gehen klar in diese Richtung. Ein solcher Vorschlag macht der Sugardaddy, und das Sugarbabe sagt zu oder eben ab. Und nein, es gibt keine Verpflichtung zu solchen Dates, auch nach ein paar Treffen in einem teuren Restaurant nicht.

Etwas schwieriger wird es, wenn sich das Sugarbabe sich diesbezüglich unsicher ist. Hier kann man weitere Kennenlerntreffen vereinbaren, hier kann man zusagen, dass das Sugarbabe jederzeit selbst bestimmen kann, wie schnell und und weit es gehen möchte.

Sicherheit

Reden wir mal nicht drum herum: Es gibt Männer, die gegenüber Frauen gewalttätig werden, es gibt Männer, die Frauen vergewaltigen. Und vernünftige Frauen sind daher diesbezüglich etwas vorsichtig. Als Mann kann

167

man hier viel richtig machen, indem man diese Vorsicht als vernünftig und selbstverständlich akzeptiert.

Umgekehrt sind solche Dates aber auch für den Sugardaddy nicht völlig risikofrei. Hier bestehen de facto drei Risiko-Bereiche:

■ Zunächst einmal die Eigentumsdelikte. Das Sugarbabe kann sich an der Habe des Sugardaddys vergreifen, während dieser z.B. gerade im Bad ist, aber auch die Lage auskundschaften für spätere Wohnungseinbrüche (meist von Komplizen), gegebenenfalls sogar Raubüberfälle.

Und: Erst neulich ging ein Fall durch die Presse, dass ein Sugarbabe die eigene Entführung vorgetäuscht hat und der Sugardaddy dann an die Erpresser insgesamt 1,6 Millionen Euro gezahlt hat (von denen das Sugarbabe angeblich dann nur 30.000,- Euro von den Komplizen erhalten hat...).

■ Verkehr ohne Kondom. Das Sugarbabe kann es gezielt auf eine Schwangerschaft und damit auf Unterhaltszahlungen absehen (und der Nachwuchs erbt dann auch noch kräftig...). Ganz abgesehen besteht dann auch noch das Risiko der Übertragung von Geschlechtskrankheiten.

■ Das Sugarbabe kann mit einer erfundenen Vergewaltigung den Sugardaddy erpressen (oder sich für irgendetwas rächen).

Und reden wir mal nicht drum herum: Bei allen diesen drei Bereichen ist man mit der Grundstrategie "finanzstark" stärker gefährdet. Insgesamt dürfte das Risiko jetzt nicht ungewöhnlich hoch sein, aber ein paar Vorsichtsmaßnahmen sollte man schon ergreifen:

■ Auf das eigene Bauchgefühl hören, bei Zweifeln den Kontakt abbrechen.

■ Genau zuhören, was das Sugarbabe so erzählt bezüglich familiärer Situation, Freundeskreis, Drogenerfahrung. (Ohnehin fühlen sich die Ladys ernster genommen, wenn man ihnen gut zuhört...)

■ Es muss nicht gleich die eigene Villa sein, ein Hotel reicht für den Anfang auch (so manches Sugarbabe fühlt sich da auch sicherer). Oder man legt sich für diesen Zweck irgendwo eine kleine Wohnung zu, in der keine nennenswerten Vermögenswerte lagern.

- Die Hemmschwelle dürfte etwas höher liegen bei Sugardaddys, die ihr Sugarbabe mit Freundlichkeit und Respekt behandeln.

- Und wenn es zu Erpressungen kommt, ist der Gang zur Polizei das Mittel der Wahl.

Sexuelle Handlungen

Sofern nicht explizit anderes abgesprochen ist, umfassen sexuelle Handlungen

- Kuscheln und (Zungen-) Küsse

- Fingern und lecken bei Ihr

- Oraler Verkehr bei ihm

- Vaginaler Verkehr (bei schwulen Beziehungen statt dessen analer Verkehr)

Möchte man etwas davon nicht, spricht man das ebenso mit seinem Sugarbabe ab, wie wenn man etwas zusätzlich möchte. Wenn man im Vorfeld den Punkt *sexuelle Handlungen* abklärt, kann man die oben aufgezählten Punkte unter *normal* oder *Blümchensex* subsummieren.

Kondome

Verkehrt man mit einer (Gelegenheits-) Prostituierten, dann ist die Sache eindeutig: Das ProstSchG schreibt die Verwendung vor. Sicherheitshalber hat man auch eigene dabei.

Eine klassische SB/SD-Beziehung fällt nicht unter den Anwendungsbereich des ProstSchG. Dennoch ist die Verwendung von Kondomen sinnvoll:

- Sie schützen recht gut vor der Übertragung von Geschlechtskrankheiten.
- Sie schützen vor einer Schwangerschaft.

Somit verwendet man zumindest in der Anfangsphase Kondome und hat sicherheitshalber eigene dabei.

Wenn man ohne mehr Spaß hat, dann kann man nach einigen Monaten darüber nachdenken, ob es auch ohne gehen könnte. Die Regeln sind dieselben wie bei einer rein privaten Beziehung:

- Man ist sich beiderseitig sicher, nicht mit irgendetwas infiziert zu sein (inkl. HIV-Test mindestens 3 Monate nach dem letzten ungeschützten Verkehr).
- Man ist sich gegenseitig so treu, dass man mit anderen zumindest nicht ungeschützt Verkehr hat (oder das anschließend offenlegt und dann erst mal wieder Kondome verwendet).
- Einer der beiden Beteiligten verhütet zuverlässig.

Bei älteren Sugardaddys kann es vorkommen, dass deren Standfestigkeit schon ein wenig zum Problem geworden ist, und ein Kondom das Problem verschärft. Hier kann man dann zu einem sogenannten Femidon, auch Frauen-Kondom genannt, greifen.

Zuwendung

Für (Gelegenheits-) Prostituierte ist die Sache einfach: Es wird zu Anfang des Dates in bar bezahlt.

Bei echtem Sugardating grenzt man sich gerne ein wenig davon ab. Allerdings sind manche Sugarbabes schon mal übel „verarscht" worden – hier kommt man als Gentleman dem Sugarbabe dadurch entgegen, dass man auf Wunsch schon zu Beginn die Zuwendung überreicht. Ein solches Misstrauen sollte sich dann auch nach ein paar Dates gelegt haben.

Bei der Übergabe der Zuwendung „rumzuzicken", sie hinauszuzögern, dezente Hinweise des Sugarbabes zu ignorieren ist schlicht eine Unverschämtheit und eines Sugardaddys unwürdig. Nicht die sexuelle Potenz, sondern die Verlässlichkeit des Wortes macht den Mann.

Eine SB/SD-Beziehung beenden

Eine SB/SD-Beziehung wird nicht geschlossen auf „bis dass der Tod Euch scheide". Für beide Beteiligten kann es viele Gründe geben, eine solche Beziehung zu beenden, und alle sind legitim.

Trennung im Guten

In der Mehrheit der Fälle erfolgen solche Trennungen „im Guten". Es ist einfach zu langweilig geworden, das Sugarbabe hat sein Studium oder seine Ausbildung beendet, einer der Beteiligten zieht in eine andere Stadt oder beginnt eine private Beziehung.

In einem solchen Fall sollte man versuchen, die Beziehung so zu beenden, dass man sie auch wieder fortsetzen kann, wenn der Bedarf dazu besteht (zum Beispiel, wenn es mit dem nächsten Sugarbabe dann noch langweiliger ist).

Es gibt auch die Möglichkeit einer „Trennung light", also dass man die Anzahl der Dates drastisch reduziert. Oder man trifft sich vielleicht zweimal im Jahr, gegebenenfalls auch nur zum gemeinsamen Dinner, um einfach den Kontakt ein wenig aufrecht zu erhalten, so dass man im Falle eines Falles das auch wieder intensivieren kann.

Geht der Wunsch vom Sugarbabe aus, dann akzeptiert man den ohne großes Generve, kann aber klarstellen, dass die Tür geöffnet bleibt.

Trennung im Konfliktfall

Es gibt natürlich auch Fälle, in denen man sich gar nicht „im Guten" trennen möchte. Die häufigsten Gründe dürften sein, dass die Betreffende einen bestohlen oder einen vor Dritten bloßgestellt hat. Das wären dann auch Gründe, einen entsprechenden Eintrag im Sugar-Forum zu hinterlassen, damit andere gewarnt sind.

Ansonsten sollte man eher versuchen, einen Konflikt nicht zu eskalieren. Menschen, die sich zumindest halbwegs gut kennen, können meist einander sehr weh tun, ohne dass irgendjemand einen Vorteil davon hat. Ja, der Sugardaddy könnte die Eltern des Sugarbabes informieren, das steckt das dann seinerseits der Gattin des Sugardaddys – dann haben viele Leute viel Ärger. Aber wo soll der Vorteil liegen?

„Upgrade" zu einer privaten Beziehung

Bisweilen wird eine SB/SD-Beziehung auch dadurch beendet, dass daraus eine rein private Beziehung wird. Das soll dann aber nicht mehr Thema dieses Buches sein.

Index

173